NFT ET CRYPTOART

Le guide complet pour investir, créer et vendre avec succès des jetons non fongibles sur le marché de l'art numérique

PIERRE ANGLOIS

Table des matières

Introduction

Les NFT font parler d'eux dans le monde de l'art et des jeux, mais de quoi s'agit-il ? Vous avez peut-être vu récemment le mot NFT dans l'actualité, souvent en rapport avec de grosses sommes d'argent. Cependant, vous vous demandez peut-être à quoi rime toute cette agitation.

Ce guide vous aidera à comprendre ce qu'est un NFT ou jeton non fongible et comment il fonctionne. Il vous apprendra tout ce que vous devez savoir sur les NFT, y compris ce qu'ils sont, comment ils fonctionnent, pourquoi ils ont suscité le débat et comment vous pouvez aider.

Une NFT est une transaction non financière. En fait, il s'agit d'un actif numérique de collection ayant une valeur monétaire. Tout comme l'architecture, les NFT sont désormais considérés comme un investissement à long terme.

NFT est l'acronyme de non-fongible token, un jeton numérique similaire à Bitcoin ou Ethereum, une forme de crypto-monnaie. Toutefois, contrairement à une pièce de monnaie Bitcoin ordinaire, un NFT est unique et ne peut être échangé contre un autre (d'où le terme "non fongible").

Les NFT peuvent être n'importe quoi, d'une œuvre d'art numérique à un fichier musical, tout ce qui est original et qui peut être stocké numériquement et considéré comme précieux. Ils fonctionnent de la même manière que n'importe quelle autre pièce de collection physique, mais au lieu d'une peinture à l'huile sur toile à accrocher à votre mur, vous obtenez un fichier JPG.

Les NFT sont des jetons individuels qui font partie de l'Ethereum, de la blockchain, et des données contaalsoal. La partie importante est le matériel supplémentaire, qui leur permet d'être représentés sous forme d'art, de musique, de vidéo (et ainsi de suite) en JPG, MP3, images, GIF et autres formats. Ils peuvent être achetés et vendus comme d'autres formes d'art car leur valeur est principalement déterminée par le marché et la demande, tout comme l'art physique.

Cela ne veut pas dire qu'il n'existe qu'une seule édition numérique d'un art NFT sur le marché. Les copies de NFT sont toujours des parties légitimes de la blockchain, tout comme les impressions d'art des originaux sont fabriquées, utilisées, achetées et vendues. Cependant, elles peuvent ne pas avoir la même valeur que l'original.

Ne pensez pas qu'en faisant un clic droit et en enregistrant une image NFT, vous avez piraté le système. Puisque votre fichier téléchargé ne contient pas les détails qui font qu'il fait partie de la blockchain Ethereum, vous ne deviendrez pas millionnaire. Cela a-t-il un sens ?

Les NFT peuvent être achetés sur certains sites, en fonction de ce que vous recherchez (par exemple, si vous recherchez des cartes de baseball, vous pouvez vous rendre sur un site tel que Digital Trading Cards, mais d'autres places de marché proposent des articles plus généralistes). Vous aurez besoin d'un portefeuille propre à la plateforme sur laquelle vous achetez et des crypto-monnaies à y placer.

Certaines pièces commencent à apparaître dans des maisons de vente aux enchères plus classiques, alors gardez également un œil sur celles-ci. De nombreuses formes de NFT sont souvent publiées en tant que "drops" en raison d'une forte demande (un peu comme dans les événements, où des lots de billets sont souvent libérés à différents moments). Cela signifie qu'il y aura une ruée frénétique de clients pleins d'espoir lorsque la baisse commencera, alors assurez-vous de vous inscrire et de remplir votre portefeuille à l'avance.

Les NFT sont également de plus en plus utilisés comme achats en jeu dans divers jeux vidéo. Les joueurs peuvent acheter et vendre ces propriétés, y compris des objets jouables tels que des épées, des skins et des avatars exclusifs.

Les NFT ont certainement le vent en poupe, et des artistes, des joueurs et des marques de tous horizons contribuent à cette tendance. En réalité, il semble qu'un nouveau joueur rejoigne le marché des NFT chaque jour. Êtes-vous prêt à l'explorer ?

C'est parti !

1

Qu'est-ce qu'une NFT ?

Qu'il s'agisse de cartes de sport numériques ou d'œuvres d'art numériques, les NFT ont pris l'internet d'assaut, leur montant total en USD ayant plus que doublé au cours du seul mois de février. Que représentent donc ces propriétés numériques qui se vendent à des milliards de dollars sur des marchés de niche ou chez Christie's, la plus prestigieuse maison de vente aux enchères du monde ?

Que signifie NFT ?

Un NFT est un jeton non fongible basé sur la blockchain. Un jeton est une représentation de la propriété d'un actif. Un billet de concert, par exemple, dénote la possession d'une place de concert.

Un bitcoin est le titre de propriété de la valeur sous-jacente du bitcoin. Sur la blockchain, un jeton est un actif numérique. Comme la blockchain est transparente, il est facile pour tout le monde de voir qui possède quel jeton.

Une marchandise fongible peut être facilement échangée. Un dollar est très fongible ; vous pouvez me le donner en échange de quelque chose et je peux le rééchanger contre autre chose. Mon voisin me prête un bol de sucre pour faire un bon gâteau et m'en achète un autre lorsqu'il va au magasin dans quelques jours. Le fait que le sucre soit différent ne fait aucune différence ; il peut être rapidement substitué et échangé.

Un jeton non fongible est un jeton unique en son genre qui ne peut être échangé contre un autre. L'utilisation la plus courante est celle des œuvres d'art. Sur la blockchain, les œuvres d'art se sont vendues pour des millions de dollars (ou dans ce cas une monnaie native de la blockchain, l'Ethereum).

Il existe de nombreux exemples, mais l'artiste NFT le plus connu est Beeple, qui a vendu 21 œuvres d'art pour 3,5 millions de dollars sur la place de marché numérique Nifty Gateway. Il a vendu son chef-d'œuvre "THE FIRST 5000 DAYS" pour 6,5 millions de dollars chez Christie's. Mike Winkelmann, un graphiste retraité de Charleston, en Caroline du Sud, est l'homme derrière Beeple.

Sur ces places de marché, l'art n'est pas la seule chose qui s'échange. Les cartes à collectionner numériques de sport produisent un volume croissant dans l'espace NFT. Les joueurs de basket-ball ont désormais investi plus de 230 millions de dollars dans l'échange de cartes NBA Top Shot.

Ces cartes commémorent des moments clés de l'histoire du sport et ne sont disponibles qu'en nombre limité. La blockchain Ethereum garantit la propriété et la rareté de ces cartes. Une carte rare de LeBron James s'est récemment vendue 200 000 dollars au plus offrant.

Pourquoi quelqu'un paierait-il pour une telle chose ?

Le plus étrange dans ces achats, c'est que n'importe qui peut télécharger l'œuvre de Beeple ou la carte de LeBron. Il suffit d'appuyer sur le bouton "Enregistrer l'image" de son ordinateur portable.

Ce que les acheteurs recherchent, c'est la preuve de la propriété de l'œuvre d'art, et non l'œuvre elle-même. Les acheteurs sont proches des collectionneurs d'art qui exposent leurs biens précieux dans les musées. Les NFT sont un moyen pour les amateurs d'art de soutenir financièrement leurs artistes préférés via l'internet.

Au fur et à mesure que les humains progressent, notamment dans le verrouillage, il semble normal que nous commencions à acheter de l'art dans le monde numérique également. Certains sites, comme Decentraland, vont encore plus loin en permettant aux utilisateurs d'acheter des terrains ou des biens immobiliers dans le monde numérique.

Bien que cet aspect de l'internet ait toujours été une niche, il a véritablement fait irruption dans les médias de masse au cours des six derniers mois et semble être là pour rester. Bien que les premiers essais de NFT aient eu lieu en 2013-2014, le secteur semble arriver à maturité et gagner en popularité en 2021.

Cependant, le marché du NFT présente encore quelques problèmes. Les frais de transaction sont très élevés puisque l'Ethereum est la principale monnaie d'échange et le réseau sur lequel les places de marché sont établies et il est normal de devoir payer 50 dollars pour transférer le titre de propriété d'un NFT de son créateur à l'acheteur.

Sur des plateformes comme Rarible ou OpenSea, les leaders actuels du marché, chaque transaction (création du NFT, enchères et transfert de propriété) coûte très cher aux utilisateurs et contribue à la terrible empreinte carbone du réseau Ethereum.

Toutefois, il y a des raisons d'être optimiste, car Ethereum prévoit de mettre à jour son architecture pour qu'elle soit encore plus respectueuse de l'environnement d'ici le début de 2022. En attendant, certaines places de marché ont imaginé des solutions technologiques à ces contraintes.

Drops est un nouveau projet de NFT qui vous permet de faire bien plus que simplement acheter et vendre des NFT. Il permet aux utilisateurs de créer des NFT, d'enchérir sur eux, de les mettre en jeu et d'emprunter de l'argent en les utilisant comme garantie. Il utilise également une approche de couche 2 basée sur le réseau Polygon, réduisant les coûts de transaction à quelques centimes (protégés par la plate-forme) tout en minimisant les coûts environnementaux majeurs.

L'aspect le plus prometteur de la révolution NFT est que les artistes numériques peuvent être payés pour leur travail pour la première fois. En raison de l'essence même de l'art numérique et de sa reproductibilité à l'infini, il était jusqu'à présent difficile pour les artistes de monétiser leur travail. Les véritables fans des artistes pourront désormais les financer directement, sans intermédiaire ni plateforme.

Les Kings of Leon, lauréats d'un Grammy, ont publié leur nouvel album en tant que NFT, ce qui laisse penser que les artistes grand public ont compris la tendance. Grimes, Lindsay Lohan, et même Soulja Boy, par exemple, ont tous publié des NFT qui reflètent la musique, l'œuvre d'art numérique, ou même la possession d'un vinyle en édition limitée.

Cependant, les NFT ne sont pas réservés aux artistes ; la demande de cartes sportives numériques, par exemple, a déjà explosé. Si rare qu'un site web de cartes à collectionner de football a récemment vendu une carte unique de Kylian Mbappé pour 65 000 dollars.

Tirer profit des fans de sport à domicile s'est avéré extrêmement lucratif pour ces sites, attirant l'attention du géant du jeu Ubisoft, qui s'est associé à Sorare pour des projets potentiels.

Les NFT sont le produit le plus en vogue dans le récent engouement pour les crypto-monnaies et, à mesure que les artistes grand public en prendront conscience, leur popularité ne fera que croître, et un marché numérique près de chez vous suivra bientôt.

2

L'histoire des NFT

Un jeton non fongible n'est rien d'autre qu'un actif numérique unique en son genre. Les bitcoins sont fongibles, ce qui signifie qu'ils sont tous identiques et peuvent être utilisés de manière interchangeable. Une œuvre d'art est un exemple de jeton non fongible. Je peux avoir deux œuvres d'art numérique similaires, mais chacune est complètement différente.

L'exemple ci-dessous présente deux NFT de la crypto-artiste Josie. Bien que ses deux pièces, "Choose" edition #4 et "Choose" edition #5, semblent identiques, elles sont toutes deux uniques sur la blockchain.

Les pièces colorées peuvent être revendiquées comme étant les premières NFT jamais produites. Les pièces colorées sont de petites dénominations de bitcoins, souvent aussi petites qu'un seul satoshi, la plus petite unité de bitcoin. Les pièces colorées peuvent être utilisées pour afficher diverses propriétés et ont diverses applications, notamment :

- Biens immobiliers - Bons d'achat - Possibilité de créer sa cryptomonnaie - Des parts dans une entreprise sont données.

- Des abonnements sont disponibles.

- Jetons d'accès - Pièces de collection sur internet Les pièces de couleur représentaient une avancée significative dans les capacités de Bitcoin, mais leur inconvénient était qu'elles ne pouvaient représenter des valeurs spécifiques que si tout le monde était d'accord sur leur signification. Les pièces colorées étaient aussi fortes que leur plus faible participant, car le langage de script de Bitcoin n'a jamais été conçu pour permettre cette forme d'activité au sein de son réseau.

Trois personnes, par exemple, conviennent que 100 pièces colorées équivalent à 100 actions d'une entreprise. L'ensemble du système s'effondre si un seul participant décide que les pièces colorées ne reflètent plus les actions de l'entreprise.

Les pièces colorées ont été mentionnées pour la première fois dans un billet de blog de Yoni Assia au début de 2012, intitulé "bitcoin 2.X- initial specs". Il mentionne les pièces colorées dans son billet, mais sans préciser qu'elles représentent des propriétés ou des cas d'utilisation différents. Au lieu de cela, il affirme que les Colored Coins sont distincts et reconnaissables des transactions bitcoin standard parce qu'ils faisaient partie de la " transaction Genesis ".

Le potentiel de ces nouveaux actifs ne semble pas avoir été exploré avant le 4 décembre 2012, lorsque Rosenfeld Meni a publié un article intitulé "Colored Coins Overview." Quelques mois plus tard, en 2013, un autre article intitulé "Colored Coins - BitcoinX" a été publié, avec des auteurs que vous reconnaissez peut-être : Vitalik Buterin, Yoni Assia, Lior Hakim, et d'autres.

Les lacunes de Colored Coins sont évidentes ; le système a donné ses meilleurs résultats dans un contexte de permission, ce qui signifie qu'il est plus facile d'utiliser une base de données dans certaines situations. D'un autre côté, Colored Coins a permis d'innover davantage et a jeté les bases des NFT.

L'énorme potentiel du placement d'actifs physiques sur des registres distribués était évident, mais la mise en œuvre nécessitait une blockchain plus malléable.

2014 est l'année de la Contrepartie Beaucoup de gens ont réalisé l'énorme potentiel de l'émission d'actifs dans les blockchains après le développement des Colored Coins. Les gens ont également réalisé que Bitcoin, dans sa forme actuelle, n'était pas conçu pour supporter ces fonctionnalités supplémentaires.

Counterparty, un protocole Internet open-source construit au-dessus de la blockchain Bitcoin, a été créé en 2014 par Dermody Robert, Krellenstein Adam et Evan Wagner. Counterparty permettait le développement d'actifs et avait même un jeton cryptographique avec le ticker XCP. Il avait un jeu de cartes à collectionner et un échange de mèmes parmi ses nombreux projets et propriétés.

Spells of Genesis sur Counterparty, avril 2015 Les créateurs de Spells of Genesis ont été parmi les premiers à émettre des actifs de jeu sur une blockchain via Counterparty et à lancer une ICO. Les ICO étaient initialement qualifiées de "crowdfunding" en raison de leur lancement trop précoce. Spells of Genesis a levé des fonds pour la production en libérant des BitCrystals, une crypto-monnaie qui a servi de monnaie dans le jeu.

Plus de cartes à jouer sur Counterparty en août 2016 Counterparty a collaboré avec le célèbre jeu de cartes à collectionner Force of Will pour lancer ses cartes sur la plateforme en août 2016. En Amérique du Nord, Force of Will était le quatrième jeu de cartes le plus vendu, derrière Pokemon, Yu-Gi-Oh et Magic : The Gathering. Comme Force of Will était une grande organisation grand public sans expérience préalable de la blockchain ou des crypto-monnaies, cet événement était important. Leur entrée dans l'écosystème a illustré l'importance de mettre de tels actifs sur une blockchain.

Pepes rares sur Counterparty, octobre 2016 Les mèmes n'étaient qu'une question de temps avant qu'ils ne fassent leur chemin vers la blockchain. Les gens ont commencé à émettre des "pepès rares" comme propriétés sur le réseau Counterparty en octobre 2016. Ce personnage de grenouille figure dans un pepe rare, qui est une forme de mème.

Ces mèmes ont un large public. Il existe également un échange de mèmes connu sous le nom de Rare Pepe. Le répertoire des mèmes Pepe rares compte des experts qui certifient la rareté des mèmes Pepe en mettant de côté la bizarrerie. Cet exemple démontre que les gens veulent des objets numériques exclusifs.

Counterparty a maintenant un grand nombre de projets en cours sur son site Web, dont beaucoup ont des propriétés de type NFT. Sur Counterparty, vous pouvez consulter les différents projets.

Pepes rares sur Ethereum, mars 2017 Avec l'émergence d'Ethereum au début de 2017, les mèmes ont commencé à y être échangés également. Peperium a été annoncé en mars 2017 comme un "et jeu de cartes à collectionner (TCG) et une place de marché décentralisée qui permettait à chacun de construire des mèmes qui vivent pour toujours sur Ethereum et IPFS", similaire à Counterparty.

Peperium avait un jeton associé, Uncommon, qui était également utilisé pour le développement de mèmes et le paiement de frais d'inscription, similaire à Counterparty.

Cryptopunks, juin 2017 Alors que le commerce de pepes rares sur Ethereum devenait plus populaire, deux "technologues créatifs" ont décidé de lancer leur propre projet NFT. John Watkinson et Matt Hall ont découvert qu'ils pouvaient utiliser la blockchain Ethereum pour produire des personnages uniques.

Le nombre de personnages serait limité à 10 000 et aucun ne serait identique. Leur projet a été baptisé Cryptopunks en l'honneur des Cypherpunks qui ont expérimenté les précurseurs du bitcoin dans les années 1990.

Étonnamment, Watkinson et Hall ont décidé de donner gratuitement un Cryptopunk à toute personne possédant un portefeuille Ethereum. Les

10 000 Cryptopunks ont rapidement été réclamés et un marché secondaire florissant pour leur achat et leur vente a vu le jour.

Fait intéressant, les Cryptopunks n'ont pas adopté la norme ERC721 parce qu'elle n'avait pas encore été inventée, mais ils n'étaient pas non plus entièrement ERC20 en raison de ses limites. Par conséquent, les Cryptopunks sont mieux représentés comme un croisement entre ERC721 et ERC20.

Qu'est-ce que l'Ethereum Token Standard et comment fonctionne-t-il ? (ERC) La blockchain Ethereum dispose de plusieurs normes techniques pour différents types de jetons sur son réseau afin de permettre à ses interactions de fonctionner correctement. Le terme "ERC" signifie "Ethereum Request for Comment".

La norme la plus utilisée est ERC20, qui contient des règles permettant aux jetons de communiquer de manière prévisible. Lorsqu'il s'agit de développer des jetons qui doivent communiquer avec d'autres jetons ou applications sur Ethereum, ce cadre standard est extrêmement utile.

Les jetons ERC20 sont utiles pour diverses fonctions sur Ethereum, mais ils ne sont pas idéaux pour générer des jetons uniques. L'ERC721 a été créé spécifiquement dans ce but. Bien que l'ERC721 soit similaire à l'ERC20 à de nombreux égards, il a été développé explicitement pour être la norme technique pour les jetons non fongibles sur la blockchain Ethereum.

La principale distinction entre les deux normes est que l'ERC721 garde la trace de la propriété et des mouvements des jetons individuels dans le bloc, ce qui permet à la chaîne d'identifier les jetons non fongibles. CryptoKitties a été le premier projet à utiliser la nouvelle norme technique NFT.

CryptoKitties - octobre 2017 Les NFT sont devenus courants grâce à CryptoKitties. Les joueurs peuvent adopter, dresser et échanger des chats virtuels dans CryptoKitties, un jeu virtuel basé sur la blockchain. De CoinDesk à CNN, cet incroyable projet a été présenté sur presque tous les médias. Peut-être était-ce parce que le jeu ralentissait et engorgeait la blockchain Ethereum. Après tout, les gens gagnaient des sommes folles en les vendant.

Axiom Zen, une entreprise basée à Vancouver, a ingénieusement publié CryptoKitties en octobre 2017. L'équipe a travaillé sur le projet pendant quelques mois lorsque la version alpha a été publiée pendant le hackathon de l'ETH Waterloo, le plus grand hackathon au monde dédié à l'écosystème Ethereum.

C'était le lieu et le moment idéal pour dévoiler le jeu, avec plus de 400 développeurs présents. L'équipe derrière CryptoKitties a remporté la première place du hackathon et le jeu est rapidement devenu célèbre.

L'ascension fulgurante de CryptoKitties a coïncidé avec le marché haussier des crypto-monnaies de 2017, ajoutant du carburant au boom. Les gens devenaient fous en achetant, élevant et vendant des animaux de compagnie virtuels. Cela a permis d'ouvrir les yeux de nombreuses personnes sur la possibilité de jetons non fongibles.

Axiom Zen a ensuite créé une société Dapper Lab, qui a levé 15 millions de dollars auprès d'investisseurs de premier plan tels que a16z et Google Ventures. Les gens ont commencé à comprendre le véritable pouvoir des NFT après avoir vu le fonctionnement à l'intérieur du groupe CryptoKitties et avoir vu les meilleurs investisseurs déverser de l'argent dans Dapper Labs.

Explosion cambrienne des NFT 2018-2019 L'écosystème des NFT a connu une croissance massive en 2018 et 2019. Il y a maintenant plus d'une centaine de projets dans l'espace, et d'autres sont en préparation. Les places de marché NFT sont en plein essor, avec OpenSea en tête et Super-Rare qui gagne en traction. Bien que les volumes d'échanges soient faibles par rapport aux autres marchés de crypto-monnaies, ils augmentent rapidement et ont parcouru un long chemin.

Avec le développement des portefeuilles Web3, tels que Metamask, l'intégration dans l'écosystème NFT est devenue plus facile. Dapper Labs a récemment publié un porte-monnaie Dapper qui ne nécessite pas de paiement par gaz. Nftcryptonews AND Nonfungible.com (shameless plug) sont deux nouveaux sites Web qui se penchent sur les guides de jeu, les métriques du marché NFT et les connaissances générales sur l'espace. L'écosystème actuel est bien décrit dans ce graphique de The Block.

CryptoKitties a ouvert la voie du NFT mais n'aurait pas pu le faire sans les efforts des entreprises précédentes qui ont construit des actifs numériques uniques pour jeter les bases. L'importance de CryptoKitties dans l'écosystème NFT existant est illustrée par un graphique fascinant publié par nonfungible.com.

Ce graphique montre que les personnes qui possèdent des CryptoKitties sont plus susceptibles de jouer à des jeux NFT, tandis que les personnes qui jouent à des jeux NFT sont moins susceptibles de le faire. CryptoKitties constitue une excellente introduction au monde des NFT.

CryptoKitties peut avoir connu une croissance rapide en raison de la possibilité d'élever divers chats, ce qui a entraîné la création d'un jeton de chat entièrement ERC721 OU nouveau. Des noms de personnages, des parcelles de propriété virtuelle, des vêtements virtuels, des billets d'entrée à des événements, des outils d'extraction d'astéroïdes et d'autres fonctionnalités sont désormais disponibles pour les NFT.

Les différents jeux et projets NFT qui collaborent pour rendre les choses interopérables constituent peut-être le développement le plus passionnant de l'espace. Par exemple, un joueur d'un jeu peut faire transférer une épée dans un autre jeu et l'utiliser comme pièce de vêtement rare. Les possibilités d'interopérabilité sont vraiment illimitées.

Quel est l'avenir ?

Les non-fongibles ont une histoire beaucoup plus longue que la plupart des gens ne le savent. Les premières tentatives de NFT ont été faites pendant la période des pièces colorées en 2012-2013, mais je crois que nous étions encore au début de 2019. Malgré l'énorme croissance que nous avons connue ces deux dernières années, l'industrie est encore très jeune et la croissance ne fera que se poursuivre.

En réalité, je crois que l'écosystème NFT continuera à se développer à mesure que davantage de personnes et d'entreprises reconnaîtront la valeur des NFT et commenceront à les adopter. Les développeurs vont continuer à proposer de nouvelles applications et les produits interopérables vont changer la donne. Je pense que l'espace NFT sera très différent dans cinq ans de ce qu'il est aujourd'hui.

3

Qu'est-ce que l'art numérique et que fait un créateur d'art numérique ?

Les NFT sont devenus un sujet inévitable pour quelqu'un qui gagne sa vie en tant qu'individu créatif en ligne, suscitant une ruée pour saisir un terme qui est englouti dans le jargon des crypto-monnaies et de la blockchain. Selon d'autres, les NFT font partie d'un mouvement numérique qui démocratisera la célébrité et permettra aux développeurs d'avoir plus d'influence sur leur destin.

D'autres s'inquiètent de l'effet des crypto-monnaies sur le monde et des attentes irréalistes générées par les récents rapports selon lesquels l'artiste numérique Beeple a vendu un JPG de ses œuvres pour 69 millions de dollars lors d'une vente aux enchères chez Christie's.

Cependant, alors que le mouvement remodèle ce qui est considéré comme de l'art numérique "de valeur", il fait également ressurgir certains des problèmes qui ont troublé les artistes pendant des siècles : le battage médiatique perplexe, les caprices des collectionneurs fortunés et la fraude.

Si les nouveaux venus veulent rejoindre la mêlée avant que la vague d'intérêt actuelle ne s'estompe, ils doivent résoudre des problèmes pratiques, logistiques et éthiques et, alors que certains artistes transforment leurs créations numériques en produits lucratifs pour un nouveau public de clients amicaux et enthousiastes, une question subsiste en arrière-plan Après avoir parlé avec Foundation il y a quelques mois, Ellie Pritts, photographe et animatrice de Los Angeles, a entendu parler des NFT. Un autre artiste l'a approchée au sujet du marché de l'impression numérique du site, mais elle a ensuite parlé avec le fondateur de Foundation, Kayvon Tehranian, qui a évoqué les ventes de NFT du site.

Je me suis dit : "Je ne suis pas sûre de ce qui se passe ici". "Cependant, cela semble être très intriguant", note-t-elle. "Et il n'y avait pas beaucoup de détails à ce sujet, mais cela a piqué ma curiosité. C'est lui qui me l'a appris."

Les jetons non fongibles sont des données uniques en leur genre qui font partie d'une blockchain et qui peuvent être achetées et vendues à l'aide de la monnaie de la blockchain. Ceux dont vous avez entendu parler sont presque tous basés sur Ethereum.

Si vous n'avez pas entendu parler de l'Ethereum, vous avez déjà entendu parler du Bitcoin. Le concept est le même, mais la blockchain est différente. Si le Bitcoin est principalement utilisé pour échanger des devises, l'Ethereum est mieux adapté à l'échange de propriétés.

En principe, n'importe quelle blockchain pourrait prendre en charge les NFT, mais celle-ci a été conçue spécifiquement pour eux. Les NFT peuvent être achetés et vendus sur diverses places de marché en ligne, où les utilisateurs peuvent les "miner" ou en fabriquer un pour n'importe quel usage numérique.

Un NFT ne signifie pas que vous êtes propriétaire de l'œuvre d'art. Au contraire, vous achetez simplement des métadonnées qui vous donnent le droit de vous vanter et la liberté de revendre le NFT à un prix plus élevé par la suite.

"Les personnes qui ont acheté mes œuvres ont fait de nombreux tests avant de les acheter. Ils ont accepté d'investir en moi après avoir effectué des recherches et conclu que j'étais prometteur." C'est beaucoup à encaisser et cela semble étrange.

Mme Pritts était cynique jusqu'en février, lorsqu'elle a frappé et vendu sa première animation NFT, dont la fabrication est longue et coûteuse. Il a toujours été difficile de la vendre à un prix abordable sur Internet. Elle s'est dit que les NFT pourraient lui permettre de le faire. La vente, en revanche, a toujours été un plaisir.

"C'est génial de sentir que quelque chose que j'ai fait uniquement parce que je l'aime a de la valeur", dit-elle. "Les personnes qui ont acheté mes pièces ont fait de nombreux tests avant de les acheter. Ce n'étaient pas des gens que je connaissais. Ils ont accepté d'investir en moi après avoir effectué des recherches et conclu que j'étais prometteuse."

Les acheteurs ne considèrent pas les créateurs comme des "attrape-couillons". Elle voit plutôt les NFT comme un nouveau moyen pour les écrivains d'atteindre leur public. L'achat précoce de l'œuvre d'un artiste vous donne un sentiment de propriété, un peu comme si vous aviez assisté au premier concert d'un groupe désormais célèbre. "Mme Pritts a maintenant l'impression de faire partie d'un groupe : elle collabore à une demi-douzaine de projets avec d'autres artistes du NFT qu'elle n'avait jamais rencontrés avant de s'inscrire il y a un mois. En principe, elle affirme avoir doublé son salaire mensuel. Elle n'a pas encore encaissé car l'argent est entièrement en Ether plutôt qu'en dollars.

"Il faut faire des efforts".

La barrière du jargon est l'un des aspects les plus difficiles de la compréhension des NFT ; tous les mots utilisés pour décrire leur fonctionnement ne sont familiers qu'à ceux qui connaissent déjà la cryptographie.

Par conséquent, la plupart des connaissances sur les NFT proviennent de leurs partisans les plus enthousiastes : les places de marché qui les vendent, les investisseurs qui les soutiennent et les artistes qui les construisent. Pour le reste du monde, c'est un problème. Cependant, de nombreux artistes se sont transformés en guides pour les autres dans le contexte de l'explosion de l'intérêt pour cette nouvelle avenue pour leur travail.

Au cours des derniers mois, Pinguino Kolb, artiste et partisan de longue date des crypto-monnaies, a été inondé de questions sur les NFT de la part d'autres musiciens. "Je reçois beaucoup de demandes pour savoir pourquoi les gens sont si enthousiastes à ce sujet. "Je l'ai entendu de la part de deux de mes amis programmeurs qui sont familiers avec l'espace crypto", dit-elle. "Ils sont perplexes quant à la raison pour laquelle les gens l'achètent".

Les artistes ont trouvé plus difficile de créer leurs plus belles œuvres en raison de la croissance des entreprises technologiques monopolistiques. Selon William Deresiewicz dans cet extrait de son livre "La mort de l'artiste", les problèmes fondamentaux vont bien au-delà de l'art, mais ils peuvent être résolus par des actions audacieuses.

Sa réponse simple est que c'est agréable. "Je crois que cela a contribué à rompre la monotonie de la pandémie. Nous n'allons à aucune fête ou autre chose de ce genre. "Nous n'allons à aucune exposition d'art", déclare-t-elle. "Le mois dernier, tout mon compte Twitter était rempli d'œuvres d'art, ce qui n'était pas le cas auparavant."

À la mi-mars, Kolb a organisé un séminaire Zoom où elle a tout expliqué aux artistes qui n'avaient jamais acheté de crypto-monnaies auparavant. Elle espère que ces connaissances aideront les gens à déterminer si s'impliquer est une bonne idée pour eux ou non. Toutefois, ce ne sera pas le cas pour tous.

"Je ne pense pas que demander à un artiste déjà occupé de tout laisser tomber et de monter dans ce train parce qu'il va manquer quelque chose soit quelque chose qu'il peut faire", dit-elle.

"Vous ne pouvez pas simplement faire un NFT en vous attendant à ce que quelqu'un l'achète", dit-elle. "Vous devez le faire connaître. Vous devez fournir les efforts nécessaires. Vous savez, vous devez être plus impliqué dans la culture la plupart du temps. Une grande partie de cela nécessite du temps et si ce n'est pas votre public principal, ce n'est probablement pas quelque chose que vous pouvez faire."

"C'était immédiatement indéfendable moralement".

Kimberly Parker, une artiste canadienne spécialisée dans le design, a entendu parler des ENF pour la première fois il y a quelques années, lorsqu'un des artistes qu'elle suit a commencé à vendre ses œuvres.

"J'ai vérifié certains des meilleurs artistes et j'ai été assez surprise par la quantité d'argent qu'ils gagnaient grâce à ces ventes, dit-elle, parce que la plupart d'entre eux n'étaient que des images 2D, des JPG, le genre de travail que beaucoup de mes pairs et moi vendions pour quelques centimes par contraste, voire pas du tout."

Ce qui laisse encore plus perplexe, c'est que les œuvres étaient de qualité variable : de mauvais mèmes d'art étaient vendus à côté d'animations époustouflantes qui prenaient beaucoup de temps, et que le même investisseur achetait souvent.

Les gens achètent des NFT pour diverses raisons, l'une d'entre elles étant qu'ils pensent pouvoir les revendre plus tard avec un bénéfice plus élevé. Cependant, cela ne l'a pas empêchée d'étudier les ENF ; au contraire, en poursuivant ses études, elle s'est de plus en plus préoccupée de leurs effets sur l'environnement.

Les chaînes de blocs peuvent s'étendre de plusieurs façons différentes. Ethereum, comme Bitcoin, utilise le processus de "preuve de travail", dans lequel les ordinateurs doivent résoudre des problèmes mathématiques compliqués pour ajouter de nouvelles informations à la blockchain.

Cela nécessite de la puissance de calcul, qui est rare et coûteuse, et constitue un facteur qui ajoute à la valeur des crypto-monnaies. C'est également la raison pour laquelle la frappe d'une NFT coûte de l'argent au départ, ce que l'on appelle une "taxe sur le gaz".

Cette capacité de traitement nécessite l'utilisation d'électricité, qui produit des gaz à effet de serre. La production de pollution d'Ethereum augmente en même temps que son développement. Le bitcoin a une empreinte carbone comparable à celle de la Suisse, tandis que celle d'Ethereum est comparable à celle de la Tanzanie, selon le tracker de consommation énergétique du site Digiconomist.

"C'est devenu moralement indéfendable pour quelqu'un comme moi, qui a la chance et la volonté de subvenir déjà à mes besoins", dit Parker.

Anna Podedworna est consciente des effets des ENF sur l'environnement, c'est pourquoi elle hésite à commencer à les frapper. En revanche, elle a une autre raison d'y penser.

Mme Podedworna est une Polonaise qui s'inquiète du gouvernement nationaliste de plus en plus à droite en Pologne. "Avoir un revenu alternatif basé sur les crypto-monnaies semble de mieux en mieux", dit-elle. "Je veux dire, je vois ce qui se passe dans mon pays et j'ai une famille à laquelle je dois penser".

Ethereum a depuis longtemps promis de se tourner vers un schéma économe en énergie connu sous le nom de preuve d'enjeu, mais en attendant, certains créateurs achètent des compensations carbone pour compenser les NFT frappés. Ellie Pritts, cinéaste et animatrice, estime qu'il est injuste de reprocher aux artistes de contribuer aux émissions de gaz à effet de serre, car il y a tellement d'autres choses qui le font aussi.

Selon Andres Guadamuz, maître de conférences en droit de la propriété intellectuelle à l'université du Sussex, qui étudie les crypto-monnaies et les droits d'auteur, même les projets d'Ethereum visant à réduire son empreinte carbone peuvent intensifier l'inégalité qui existe déjà entre les riches investisseurs précoces d'Ethereum et tous les autres.

La preuve de participation remplace le processus d'extraction par un processus qui lie essentiellement la puissance d'extraction à votre participation financière dans la crypto-monnaie, ce qui supprime la nécessité d'une puissance de calcul massive. "Cela renforce l'inégalité existante", dit Guadamuz. "Par conséquent, les personnes qui prennent toutes les décisions sont déjà très riches dans le système".

"Cela représente beaucoup d'argent à mettre en jeu".

Si l'on peut avoir l'impression que les NFT sont soudainement devenus populaires, la tendance se construit depuis de nombreuses années. Cryptokitties, un jeu blockchain basé sur Ethereum dans lequel les joueurs achètent et vendent des chats numériques, a fait ses débuts en 2017 et est rapidement devenu si populaire qu'il a ralenti les transactions de l'ensemble du réseau.

Cryptokitties, en revanche, n'a pas suscité le même intérêt que les NFT. Essentiellement, les NFT, selon Guadamuz, se sont développés en tandem avec le buzz sans cesse croissant autour des crypto-monnaies en général : une économie de l'attention à l'intérieur d'une économie de l'attention.

"Vous ne serez jamais en mesure d'égaler les personnes qui ont commencé cela il y a 10 ans, peu importe combien d'argent vous mettez en ce moment". Mais maintenant, les NFT sont dans l'actualité parce qu'Ethereum est dans l'actualité. Après tout, le bitcoin est-il dans l'actualité à cause de la pandémie ou des faibles taux d'intérêt ?

De quoi parlent les tweets d'Elon Musk ?

Quoi qu'il en soit, M. Guadamuz estime qu'il est essentiel de reconnaître le lien entre les deux. Selon lui, si les artistes profitent des ventes de NFT, les parties prenantes d'Ethereum en profitent encore plus.

"Peu importe combien d'argent vous mettez maintenant, il y aura toujours des gens qui ont commencé cela il y a dix ans et que vous ne pourrez jamais égaler", dit-il. Tous les nouveaux venus ne font que gagner une partie d'une grande quantité de crypto-monnaies que ces personnes ont amassées au fil du temps.

4

Ce qu'est le Cryptoart et l'avenir de l'art numérique

Cryptoart désigne le processus consistant à créer une signature numérique permanente et exclusive sur le fichier numérique d'une œuvre d'art (tokenisation), puis à la transférer dans un bloc virtuel afin de préserver la rareté de l'œuvre.

En tant que détenteur de jetons, vous avez la possibilité de conserver, de vendre ou de donner vos œuvres d'art à d'autres acheteurs potentiels, mais le fichier original de votre œuvre d'art reste le vôtre, en sécurité dans votre bloc.

Cryptoart peut résoudre les problèmes de l'environnement de l'art numérique grâce à cette nouvelle technologie : en utilisant la blockchain, les artistes peuvent garantir la rareté des œuvres d'art qu'ils symbolisent, empêchant ainsi le vol d'œuvres d'art et les contrefaçons ; la technologie peut également permettre des transactions plus rapides et plus sûres entre les clients et les créateurs.

La compréhension que le monde a de l'art visuel évolue. Il n'est pas étonnant qu'à mesure que le monde devient plus numérique, la façon dont nous fabriquons, consommons et collectionnons l'art ait également changé.

L'émergence de l'art numérique rare, également connu sous le nom de cryptoart, qui associe la technologie et l'art pour créer un nouveau marché et un nouveau support, a illustré ce changement de paradigme dans le monde de l'art.

Le marché de l'art numérique insolite a réalisé plus de 7 millions de dollars de ventes depuis son lancement en 2017 (à peu près), avec une croissance explosive ces derniers mois. Ce mouvement a engendré des galeries et des places de marché en ligne, comme notre MakersPlace, qui utilisent la technologie blockchain pour sécuriser, authentifier et appliquer la rareté aux œuvres d'art numériques, ce qui était auparavant impossible.

Le progrès de l'art Depuis la nuit des temps, les êtres humains apprécient la beauté et la stimulation visuelle. En effet, les paléoanthropologues affirment que notre instinct esthétique était une caractéristique essentielle de l'humanisme de nos ancêtres, remontant bien avant l'espèce homo sapiens à laquelle nous appartenons aujourd'hui.

Depuis des millénaires, notre culture universelle est caractérisée par l'amour de la beauté, également appelée art. Sous toutes ses formes, l'art a inspiré et représenté la religion, la politique et bien plus encore dans la culture. Dans toutes les cultures, de nombreux chercheurs attribuent les racines de la collection d'art à la religion.

Les commandes d'œuvres d'art visuel étaient le plus souvent le fait de personnalités et d'organisations religieuses dans les (relativement) premiers temps de la civilisation humaine, les "collections d'art" étant le plus souvent conservées dans les lieux de culte. Les arts visuels se sont progressivement répandus dans toutes les facettes de la culture humaine, donnant naissance au "mécène", qui collectionnait uniquement pour l'amour de l'art (ou dans l'espoir d'un profit ultérieur).

La grande majorité de la population mondiale s'adonne aujourd'hui à une forme ou une autre de mécénat artistique, qu'il s'agisse d'une collection personnelle ou de la consultation des collections des diverses institutions artistiques du monde entier. Le monde dans lequel nous vivons aujourd'hui n'a plus rien à voir avec ce qu'il était il y a quelques décennies. La technologie a une influence considérable sur tous les aspects de notre vie.

Il serait illogique de laisser l'art en dehors de cette évolution. Nos rencontres avec l'art, en constante évolution, ont abouti à un changement de paradigme qui a ouvert la prochaine phase de consommation de l'art : la révolution de l'art numérique rare, qui apporte avec elle une foule de nouvelles possibilités pour les artistes et les amateurs d'art.

5

Principes et terminologie du Cryptoart

Nous partons du principe qu'au cours de la prochaine décennie, l'une des industries les plus précieuses d'Internet sera alimentée par des œuvres numériques qui repoussent les limites et dont la rareté est vérifiable. Cryptoart est une progression naturelle de la question séculaire "Qu'est-ce que l'art ?".

D'autre part, l'art prend un rôle plus expansif dans un média nativement interactif, se croisant avec la finance décentralisée, les mondes virtuels et l'expérience sociale.

Pour saisir le potentiel du cryptoart, il est nécessaire de le placer dans le sens des mouvements artistiques précédents. Les mouvements artistiques hérités peuvent être considérés comme des réponses (1) à des mouvements artistiques précédents et (2) à des phénomènes culturels connexes à travers l'histoire.

Au milieu du XIXe siècle, si l'on demandait "Qu'est-ce que l'art ?", on répondrait "le réalisme" : plus l'art est précis et pratique, mieux c'est. Cependant, ce mouvement a évolué vers l'impressionnisme.

Les artistes ont répondu à l'exactitude en expérimentant des concepts conceptuels et l'expressionnisme et l'expressionnisme abstrait. Les artistes manipulent leurs œuvres pour obtenir un effet, en se concentrant davantage sur l'intensité émotionnelle que sur une représentation littérale. (Veuillez noter que nous condensons 20 000 thèses de doctorat en soixante termes et que nous reconnaissons que l'histoire de l'art est beaucoup plus complexe et nuancée).

Le type d'œuvre d'art peut également être éphémère et intangible, selon le contexte culturel et le point de vue de l'artiste sur l'art de la rue ou la performance.

Bien qu'il soit impossible de déterminer l'époque d'un mouvement artistique pendant qu'il se produit, nous savons que dans l'histoire moderne, les développements technologiques ont eu un impact plus important sur le discours artistique.

Le travail artistique que nous créons et partageons avec le monde est devenu de plus en plus numérisé à mesure que nos vies le devenaient. Bien que l'art "numérique" existe depuis près de quatre décennies, de nombreux artistes n'ont pas récolté les mêmes récompenses financières que ceux qui créent des œuvres physiques.

L'une des raisons en est que la plupart des capacités de monétisation de l'expression artistique reposent sur la rareté physique qui accompagne l'art depuis toujours. Une œuvre d'art unique réalisée en direct ne peut être achetée et revendue de la même manière que Les joueurs de cartes de Cézanne ou le requin au formaldéhyde de Damien Hirst peuvent être achetés et revendus pour 250 millions de dollars et 12 millions de dollars, respectivement.

Les limites de la production d'art temporaire ont également touché le monde numérique. Mais pour la raison inverse : les caractéristiques d'un original numérique peuvent être parfaitement reproduites et échangées. Les GIFs et MP3s numériques sont rapidement copiés sans attribution ou référence à l'auteur. Il n'y a pas eu de moyen natif de construire et de surveiller la rareté numérique qui évolue avec la propriété numérique innovante en dehors de la conformité légale.

Le bitcoin a montré que la rareté numérique est possible dans le domaine de la monnaie au cours de la dernière décennie. Le BTC s'est transformé en une réserve de valeur de la monnaie de base, avec une capitalisation boursière de plus de 100 milliards de dollars à l'heure où nous écrivons ces lignes.

Ethereum a poussé l'idée de rareté numérique au-delà de la monnaie de base, en permettant à tout bien numérique (musique, fichiers d'objets 3D, GIF, mèmes) d'être rendu rare de manière programmatique. Ces objets sont également uniques en leur genre ou non fongibles par nature. Jake Brukhman, de CoinFund, a écrit un excellent article sur ce concept en début de semaine.

ERC 721 est une interface standard d'Ethereum pour les jetons non fongibles (c'est-à-dire les jetons avec un identifiant unique). Nous pouvons voir toutes les adresses où il a été stocké, enchéri ou déplacé, pour le dire autrement, une provenance sans faille.

Il ne faut pas confondre les capacités de reproduction d'un objet avec ses droits sous-jacents concernant l'art basé sur la blockchain aujourd'hui.

Le développeur d'une œuvre numérique l'imprégnera d'une rareté programmatique, ce qui est un premier pas vers la démonstration de l'authenticité.

Les avocats spécialisés dans la propriété (y compris les avocats spécialisés dans la propriété intellectuelle) considèrent également les droits de propriété comme un "faisceau de droits", de la même manière que l'on considère un faisceau de bâtons. Pendant le cycle de vie d'une propriété, tous les différents bâtons du paquet (par exemple, les droits d'utilisation, les droits de location, les droits d'édition, les droits de film, les droits de distribution, etc.) peuvent être détenus par une personne, plusieurs personnes dans diverses combinaisons.

Le premier élément constitutif permettant aux artistes numériques de commencer à jouir de droits de propriété et de transférer ces différents droits pour leurs créations numériques souveraines est la rareté vérifiable d'un jeton sur des normes comme ERC 721. ERC 1155 est basé sur ce concept, permettant aux propriétaires d'établir des licences et de modéliser chaque droit exclusif accordé par la loi sur le droit d'auteur. Des équipes comme Open Law devraient continuer à innover dans ce domaine.

En conséquence, le cryptoart serait aussi subversif pour l'art conventionnel que le bitcoin l'a été pour la finance traditionnelle. Le BTC et le cryptoart sont plus similaires que dissemblables, comme nous le verrons ci-dessous.

L'art est un moyen courant de stocker de la valeur dans la société actuelle. Les ventes de beaux-arts traditionnels ont atteint 64 milliards de dollars en 2019 et la valeur globale des beaux-arts traditionnels est estimée à plus de 3 000 milliards de dollars, mais ces estimations ne font qu'effleurer la surface.

Le segment le plus riche de la société alimente une partie importante du marché de l'art existant. Pourtant, à mesure que le cryptoart fusionne avec les marchés des objets de collection, des jeux et des investissements, il promet d'introduire une nouvelle vague d'investisseurs de marché dans l'art.

Mesurer la demande de cryptoart en utilisant uniquement les données des passagers de jets privés revient à mesurer le marché global du transport aérien en utilisant uniquement les données des passagers de jets privés.

6

NFT et Blockchain

En termes simples, un NFT est un nouveau type d'objet numérique de collection imprimé d'un bit de code spécifique qui agit comme un enregistrement permanent de sa validité et est stocké sur une blockchain. Ce cadre de registre distribué est à la base d'autres crypto-monnaies et du bitcoin.

Ces objets de collection peuvent être vendus et achetés comme des cartes à collectionner et, étant donné la nature de la technologie blockchain, un jeton ne peut pas être contrefait ou supprimé une fois qu'il est formé. Les artistes, et ceux qui veulent produire des produits numériques en édition limitée peuvent y trouver leur compte.

Alors que les amateurs de crypto-monnaies et les adeptes précoces tentent de tirer profit de la tendance, le marché des NFT explose. Mike Winkelmann, un artiste numérique basé en Caroline du Sud et connu sous le nom de Beeple, a récemment vendu "Everyday : The First 5000 Days", une compilation tokenisée de ses œuvres, pour plus de 69 millions de dollars aux enchères en ligne chez Christie's. D'autres NFT, comme la représentation d'Homer Simpson en tant que Pepe the Frog, ont été vendus pour des centaines de milliers de dollars chacun.

Depuis sa création en 2019, NBA Top Shot, la collaboration entre la NBA et la startup blockchain Dapper Labs qui transforment les vidéos des moments forts du basket-ball en crypto-collectibles uniques, a produit 230 millions de dollars de revenus. De même, des groupes musicaux bien connus, comme Kings of Leon, participent à la NFT en vendant pour des millions de dollars de musique sous forme de jetons numériques.

On ne peut nier que certains des buzz de la NFT sont gonflés. Les arnaqueurs et les escrocs qui cherchent à s'enrichir rapidement abondent dans la communauté des crypto-monnaies, et beaucoup de leurs entreprises échouent. (Vous vous souvenez de la folie des ICO ?) Selon les critiques, les NFT et autres entreprises liées aux crypto-monnaies ont besoin d'énormes quantités d'énergie et de puissance de traitement, ce qui en fait une menace environnementale croissante.

Il existe également des préoccupations légitimes quant à ce que les acheteurs de NFT obtiennent pour leur argent. Si ces jetons deviennent des liens brisés, si les places de marché et les services d'hébergement qui hébergent les fichiers sous-jacents disparaissent.

Cependant, il y a quelque chose d'authentique ici qui mérite d'être pris au sérieux. Les artistes, musiciens et autres créateurs se sont battus pendant des décennies parce que la copie de n'importe quel élément numérique est trivialement simple sur Internet.

Puisque quelqu'un qui téléchargeait un fichier pouvait le copier et le coller une quantité infinie de fois sans perdre la qualité, la rareté, la qualité qui donne à l'art hors ligne sa valeur était difficile à reproduire en ligne.

La technologie Blockchain a changé cela en permettant d'apposer une signature cryptographique sur les biens numériques et de conserver un enregistrement permanent de la propriété.

Vous pouvez copier autant que vous le souhaitez le fichier stocké dans un NFT, mais vous ne pouvez pas falsifier la signature numérique qui protège les collectionneurs de biens numériques rares. Les partisans du NFT pensent qu'à l'avenir, la technologie pourrait être utilisée pour contrôler un large éventail d'éléments, notamment les titres de propriété, les contrats d'entreprise et les testaments.

Les créateurs peuvent également appliquer un accord de redevance à leurs NFT, ce qui leur donne droit à une partie des revenus lorsque leurs propriétés sont revendues. (J'ai essayé de rendre cette NFT libre de redevance, mais je n'ai pas réussi à obtenir de la Fondation qu'elle abandonne la redevance intégrée de 10 % sur les ventes secondaires, de sorte que toutes les redevances potentielles seront reversées au Fonds pour les cas les plus graves.

Les NFT sont rapidement ignorés, mais je suis prudemment positif à leur sujet car ils représentent un nouveau moyen pour les créatifs de gagner de l'argent en ligne.

Les entreprises médiatiques traditionnelles ont combattu pendant des années les stratégies de distribution modernes basées sur l'internet parce qu'elles y voyaient une remise en cause de leurs modèles économiques, ce en quoi elles avaient en grande partie raison. La majeure partie de ce que l'on pouvait trouver sur l'internet était gratuite et ne pouvait pas être facilement copiée ou piratée.

Si vous souhaitez être payé pour votre travail, vous avez trois possibilités : vous mettre à la merci d'un service d'octroi de licences, construire un paywall, engager une armée d'avocats pour faire respecter vos droits d'auteur ou un grand réseau de médias sociaux qui, si vous avez de la chance ou un succès exceptionnel, pourrait partager avec vous une partie de ses revenus publicitaires.

Les abonnements numériques sont un moyen pour les artistes de reprendre le pouvoir sur leurs carrières. Une autre possibilité est l'utilisation de transistors non fluorescents (NFT). Les NFT pourraient éroder la suprématie économique des intermédiaires des médias sociaux en permettant aux artistes, aux musiciens et, bien sûr, aux journalistes de transformer des œuvres individuelles en pièces numériques uniques à collectionner.

7

Les NFT comme objets de collection et actifs numériques

Les NFT sont maintenant utilisés dans certains projets comme objets de collection et négociables. Jetons un coup d'œil à quelques-uns des projets les plus connus.

Decentralization Decentraland est un environnement de réalité virtuelle décentralisé où les joueurs peuvent posséder et échanger des terrains virtuels et d'autres produits NFT dans le jeu. Cryptovoxels est un jeu qui permet aux joueurs de créer, construire et échanger des biens virtuels.

Gods Unchained Gods Unchained est un jeu de cartes numériques à collectionner basé sur la blockchain dans lequel les cartes sont publiées en tant que NFT. Comme chaque carte numérique est unique, les joueurs peuvent les posséder et les échanger de la même manière que les cartes physiques.

My Favorite Crypto Heroes My Crypto Heroes est un jeu de rôle multijoueur (RPG) dans lequel les joueurs font évoluer des héros historiques en accomplissant des quêtes et en combattant dans des guerres. Sur la blockchain Ethereum, les héros et les objets du jeu sont émis sous forme de jetons.

Binance Collectibles est un ensemble de jetons Binance.

Les Binance Collectibles sont des NFTs émis par Binance et Enjin en partenariat lors d'occasions spéciales. Si vous voulez mettre la main sur l'un d'entre eux, suivez Binance sur Twitter et gardez un œil sur nos prochains concours ! Si vous souhaitez participer à un tirage au sort de NFT, il vous suffit de suivre ces instructions simples :

Installez un portefeuille compatible avec Ethereum, tel que Trust Wallet.

Copiez votre adresse Ethereum et entrez-la dans le tirage au sort conformément aux règles. Vous devrez peut-être remplir un formulaire ou laisser un message sur Twitter. Vérifiez les règles et assurez-vous que vous savez ce que vous devez faire pour participer.

Timbres en crypto-monnaies Le service postal autrichien émet des timbres en crypto-monnaies, qui relient les mondes numérique et physique. Ces timbres, comme tout autre timbre, sont utilisés pour transporter le courrier. Cependant, ils sont également enregistrés sur la blockchain Ethereum en tant qu'images numériques, ce qui en fait un objet de collection numérique négociable.

En dehors des applications financières traditionnelles, les objets de collection numériques ouvrent la technologie blockchain à un tout nouvel ensemble de possibilités. Les NFT peuvent être un élément crucial de la communauté blockchain, et de l'économie au sens large, en représentant des actifs tangibles dans l'environnement numérique.

Les possibilités sont infinies et de nombreux développeurs sont sûrs de trouver des applications fraîches et passionnantes pour cette technologie prometteuse. Selon une étude réalisée en 2020 par la société de surveillance des logiciels L'Atelier BNP Paribas et nonfungible.com, les jetons non fongibles ou NFT, c'est-à-dire les objets qui font office d'actifs numériques, représentent aujourd'hui une industrie de 250 millions de dollars.

8

Marché commun des NFT

Les jetons non fongibles sont des FT. Ce sont des objets uniques qui ne peuvent être remplacés par rien d'autre. Une carte à collectionner unique en son genre, par exemple, est un NFT puisqu'une autre carte ne peut pas la remplacer.

Vous obtenez quelque chose de différent si vous échangez votre carte contre une autre carte. Ils se distinguent des objets fongibles, qui sont souvent interchangeables. Si vous échangez un bitcoin contre un autre, par exemple, vous vous retrouverez au même endroit qu'au départ.

En revanche, si vous échangez une carte de baseball produite en série et pratiquement inutile datant de la fin des années 1980 contre une carte T206 Honus Wagner de 1909 de l'American Tobacco Company (d'une valeur de plus d'un million de dollars), vous vous êtes incroyablement bien débrouillé.

La majorité des NFT sont désormais numériques. Il est donc particulièrement simple pour les créateurs d'offrir quelque chose de spécial et d'unique à leurs fans. Certains NFT, par exemple, sont des œuvres d'art numériques, qui sont désormais collectionnées de la même manière que les tableaux physiques depuis des années, et certains de ces NFT ont atteint des sommes astronomiques. Chez Christie's, une œuvre d'art NFT de Beeple, un artiste numérique, s'est vendue 69 millions de dollars.

Les NFT sont identiques aux autres crypto-monnaies et au bitcoin à bien des égards, à la différence qu'ils sont non divisibles et non fongibles. Les premiers NFT faisaient partie de la blockchain Ethereum, qui stocke des données électroniques supplémentaires pour les différencier.

Désormais, les NFT sont également pris en charge par d'autres blockchains. Étant donné que les différents NFT utilisent différentes technologies de blockchain, les places de marché NFT n'achètent et ne vendent pas toutes les NFT. Les créateurs choisissent souvent les places de marché NFT en fonction de leur acceptation ou non d'une norme de jeton NFC particulière. ERC-721 et ERC-1155 sont les deux spécifications Ethereum qui ont été publiées jusqu'à présent.

Binance, un concurrent, a depuis publié les normes BEP-721 et BEP-1155. Étant donné qu'elles permettent d'effectuer de nombreuses transactions NFT et de les regrouper, les deux normes "1155" diffèrent des normes "721" initiales. La plupart des plateformes NFT permettent aux clients de disposer d'un portefeuille numérique et de payer leurs transactions avec des crypto-monnaies.

1. OpenSea OpenSea se targue d'être la plus grande place de marché NFT au monde. L'art, les mondes virtuels, les noms de domaine résistant à la censure, le sport, les cartes à collectionner et les objets de collection font partie des jetons non fongibles disponibles. Les propriétés ERC721 et ERC1155 sont incluses. Des actifs numériques uniques tels que Axis, les titres ENS, CryptoKitties, Decentraland, et plus encore sont disponibles à l'achat, la vente et la découverte. Ils comptent plus de 700 projets, allant des jeux de cartes à collectionner aux projets d'art interactif et aux systèmes de noms tels que ENS (Ethereum Name Service).

Avec l'outil de frappe d'objets d'OpenSea, les créateurs peuvent construire leurs pièces de blockchain. Il vous permet de créer un ensemble et des NFT sans écrire une seule ligne de code. Vous pouvez facilement rejoindre OpenSea si vous travaillez sur un contrat intelligent pour un jeu, une collection numérique ou un autre projet impliquant des objets numériques uniques sur la blockchain.

Si vous vendez un objet sur OpenSea, vous avez la possibilité de le vendre à un prix fixe, à un prix dégressif ou aux enchères.

2. Rarible Rarible est une place de marché NFT appartenant à la communauté qui utilise le jeton ERC-20 RARI comme jeton de "propriété". Rarible récompense les utilisateurs actifs qui achètent ou vendent sur la place de marché NFT avec le jeton RARI. Elle distribue 75 000 RARI par semaine.

Les actifs artistiques font l'objet d'une attention particulière sur le site. Rarible permet aux créateurs de "miner" de nouveaux NFT pour vendre leurs œuvres, qu'il s'agisse de livres, d'albums de musique, d'art numérique ou de films. Le créateur peut également montrer un aperçu de sa création à toute personne qui visite Rarible, mais seul l'acheteur aura accès à l'ensemble du projet.

Rarible est un site Web qui achète et vend des NFT dans certaines catégories, notamment la photographie, l'art, les jeux, les métaverses, la musique, les domaines, les mèmes, etc.

3. SuperRare SuperRare est principalement une plateforme permettant aux gens de vendre et d'acheter des œuvres d'art numériques uniques et à tirage limité. Chaque œuvre d'art est créée par un artiste du réseau et symbolisée par un objet numérique crypto-collectible que vous pouvez posséder et échanger. Ils s'identifient comme un croisement entre Instagram et Christie's, offrant une nouvelle façon de s'engager avec l'art, la culture et la collection sur Internet.

Chaque œuvre d'art sur SuperRare est un objet numérique de collection, un objet numérique crypté et suivi sur la blockchain. En plus de la place de marché, SuperRare a créé un réseau social. Les objets de collection numériques conviennent à un cadre social car ils permettent de conserver une trace simple de leur propriété.

La crypto-monnaie native du réseau Ethereum, l'éther, est utilisée dans toutes les transactions. SuperRare ne travaille qu'avec un groupe restreint d'artistes triés sur le volet. Vous pouvez également utiliser un formulaire pour demander votre profil d'artiste et être pris en compte pour leur prochain lancement complet.

Foundation est un forum de niche qui rassemble des développeurs numériques, des crypto natifs et des passionnés pour faire progresser la culture. C'est ce qu'on appelle la "nouvelle économie créative". Il est principalement 4. Fondation Concerné par l'art numérique.

En août 2020, ils ont révélé un appel ouvert aux développeurs pour expérimenter la crypto et jouer avec l'idée de valeur dans leur premier article de blog sur leur site Web. "Piratez, subvertissez et exploitez la valeur du travail artistique", ont-ils encouragé les artistes.

Lorsqu'un NFT se négocie sur Base, l'artiste reçoit 10 % de la valeur de la transaction secondaire, c'est-à-dire que lorsqu'un collectionneur revend son œuvre à quelqu'un d'autre pour un prix plus élevé, l'artiste reçoit 10 % de la valeur des ventes.

5. AtomicMarket AtomicMarket est un smart contract de marché NFT à liquidité mutuelle qui est utilisé par de nombreux sites web. Tout ce qui est listé sur un marché apparaît sur tous les autres marchés, ce que l'on appelle la liquidité partagée.

C'est un marché pour les Propriétés Atomiques, un standard de jetons non fongibles construit sur la blockchain eosio. La norme Atomic Asset peut être utilisée pour tokeniser et construire des actifs numériques et acheter, vendre et mettre aux enchères des actifs sur la place de marché Atomic Assets.

Sur la place de marché AtomicMarket, vous pouvez à la fois mettre en vente vos propres NFT et rechercher des annonces existantes. Les NFT provenant de collections connues sont marqués d'une coche vérifiée, ce qui facilite l'identification des NFT authentiques. Les collections malveillantes sont placées sur une liste noire.

6. Le Myth Market Myth Market est un ensemble de places de marché en ligne conviviales qui s'adressent à toute une série de marques de cartes à collectionner numériques. GoPepe. Market, GPK.Market, Heroes. Market, KOGS.Market et Shatner. Market est le marché en vedette à l'heure actuelle 7. BakerySwap BakerySwap est un échange décentralisé (DEX) et un teneur de marché automatisé de la Smart Chain de Binance. Il utilise un jeton BakerySwap qui est natif de la plateforme (BAKE).

BakerySwap est également un centre cryptographique multifonctionnel qui comprend une plateforme de lancement de crypto-monnaies et un supermarché de jetons non fongibles (NFT), ainsi que certains services de finance décentralisée (Defi).

Son supermarché NFT vend de l'art numérique, des concours de mèmes et des jeux NFT, qui peuvent tous être achetés avec des jetons BAKE. Vous pouvez gagner des jetons BAKE bonus en utilisant des NFT dans des "repas combinés". C'est aussi une méthode simple et claire pour monnayer et vendre vos œuvres d'art.

8. KnownOrigin KnownOrigin est un marché en ligne où vous pouvez trouver et acheter des œuvres d'art numériques exclusives. Chaque œuvre d'art numérique présentée sur KnownOrigin est authentique et unique en son genre.

Les créateurs peuvent utiliser le forum pour présenter leurs œuvres et les vendre à des collectionneurs qui apprécient l'authenticité. La blockchain Ethereum la protège. Les créateurs peuvent télécharger des œuvres d'art numérique sur la galerie KnownOrigin sous forme de fichiers jpg ou Gif, tous les fichiers étant stockés sur IPFS.

9. Enjin Marketplace Enjin Marketplace est un forum d'exploration et d'échange de propriétés blockchain. Il s'agit de la place de marché NFT officielle basée sur Enjin. À ce jour, il a permis de dépenser 43,8 millions de dollars d'Enjin Coin sur des actifs numériques, pour un total de 2,1 milliards de NFT. Il y a eu 832,7 000 transactions. L'Enjin Wallet permet de répertorier et d'acheter facilement des biens de jeu et des objets de collection.

Des collections d'objets de jeu comme le Multiverse et les jeux, Les Six Dragons, comme Age of Rust, des programmes de récompense gamifiés comme les objets de collection créés par la communauté, les Azure Heroes de Microsoft, et les NFT de sociétés comme Swissborg et Binance, la page Projets présente les projets blockchain alimentés par Enjin.

10. Part A portion est un marché en ligne qui utilise la technologie Blockchain pour relier les artistes et les collectionneurs afin de vendre,

investir et posséder facilement des œuvres d'art et des objets de collection tout en maintenant une transparence totale. Il implique le collectif d'artistes, un réseau mondial décentralisé d'artistes et de créateurs.

Tout le monde peut être collectionneur grâce à Part. Vous pouvez garder la trace de vos collections physiques et numériques en un seul endroit, ce qui facilite l'échange de crypto-monnaies contre des œuvres d'art et des objets de collection.

Les jetons Portion sont des actifs Ethereum Blockchain ERC-20 utilisés pour décentraliser la gouvernance et voter sur l'avenir de la plateforme. L'exploitation des liquidités, les récompenses des artistes, les collaborations et les membres potentiels de l'équipe reçoivent tous de nouveaux jetons. Lorsque les artistes créent de nouveaux NFT, ils reçoivent également de nouveaux jetons Portion, qui valent actuellement 500 PRT.

Async Art est un type d'art qui est créé en temps réel.

L'Async Art est un mouvement artistique basé sur la blockchain. L'art programmable peut être créé, collecté et échangé. Les "Layers" et les "Masters" sont tous deux disponibles à l'achat. Alors que les couches sont les composants individuels qui constituent l'image maîtresse, un maître est une pièce d'art en édition 1/1.

Les calques sont dotés de capacités uniques déterminées par l'artiste. Lorsque vous modifiez quelque chose sur un calque, l'image maîtresse le représente, quel que soit son propriétaire.

Les artistes choisissent les paramètres de leur art et donnent le contrôle exclusif de chaque aspect aux collectionneurs individuels. Par exemple, ils peuvent laisser quelqu'un modifier l'état de l'arrière-plan, l'emplacement d'un personnage ou la couleur du ciel. Depuis février 2020, le site a vu plus de 6 millions de dollars en valeur d'enchères et plus de 1,5 million de dollars en ventes d'artistes.

9

Comment créer des NFT

Je sais que vous vous posez des questions sur l'utilité des NFT. Considérez, pour un instant, le monde de l'art traditionnel. Vous voyez des galeries d'art et des gens qui paient des centaines de milliers ou des millions de dollars pour des œuvres d'art, puis la réalité vous frappe. Dans de bonnes conditions, seul un très petit nombre de personnes pourront en vivre. Et même dans ce cas, ils doivent partager les bénéfices avec les autres parties impliquées dans l'affaire.

Les NFT vivent dans un environnement particulier. Vous, l'artiste, avez un contrôle total sur toutes les ficelles qui composent votre œuvre. Les places de marché NFT sont des places de marché étrangères qui présentent votre œuvre au monde entier. Pour vendre votre œuvre, vous n'avez pas besoin de passer par une galerie ou une agence. Vous n'êtes pas obligé de partager une partie de vos gains avec des intermédiaires.

En réalité, les places de marché NFT vous tiennent informé à tout moment de la vente de vos œuvres. Vous pouvez percevoir une commission raisonnable sur la NFT de votre œuvre une fois celle-ci échangée.

Vous pouvez également prouver la validité de votre œuvre à tout moment et qu'il n'y a qu'un seul véritable propriétaire de votre œuvre à un moment donné. Globalement, l'écosystème des œuvres d'art NFT facilite l'achat et la vente d'œuvres d'art pour tous.

Contrairement aux idées reçues, la création de vos NFT ne nécessite que peu ou pas d'expertise technologique. Vous pouvez créer des NFT pour vos œuvres d'art en quelques minutes sur des places de marché NFT comme OpenSea, Rarible ou Mintable.

Vous devez d'abord relier votre portefeuille de crypto-monnaies à la place de marché NFT de votre choix avant de pouvoir commencer à créer votre NFT. Vous n'aurez jamais à partager d'autres informations car l'adresse du portefeuille sera votre identifiant de connexion. Ensuite, rendez-vous dans la zone "Build" de la place de marché, téléchargez votre œuvre et terminez le processus en appuyant sur les boutons nécessaires.

C'est la fin de la discussion. Votre œuvre d'art NFT sera prête à être vendue avant que votre mère ne vous convoque en bas pour le dîner, que votre bébé ne se mette à pleurer ou que vous manquiez à votre moitié.

Fongible signifie qu'elle peut être remplacée rapidement. Une carte Mickey Mantle 1 sur 1 n'est pas n'importe quelle carte de baseball, elle est irremplaçable et non fongible. Le pétrole est fongible car chaque baril est aussi bon que le suivant.

Lorsque des actifs non fongibles sont convertis en jetons, le jeton devient une représentation numérique des données importantes de l'actif. Les jetons sont stockés dans des portefeuilles, qui ont chacun leur adresse. Les identifiants des jetons sont liés aux adresses des portefeuilles sur la blockchain, une base de données massive et accessible au public qui permet à quiconque de vérifier la propriété numérique.

Les sites les plus courants pour le développement de NFT sont OpenSea et Rarible. Bien que Rarible ait le chiffre d'affaires le plus élevé, OpenSea offre des services supplémentaires, comme la possibilité de créer son propre site NFT en utilisant l'échange OpenSea. Les utilisateurs peuvent télécharger leurs œuvres d'art et constituer des collections sur les deux plateformes sans rien connaître de la technologie blockchain.

N'oubliez pas qu'il y aura des coûts initiaux avant de commencer. Une blockchain, généralement celle d'Ethereum, alimente les NFT. Pour tokeniser votre art, vous devrez payer des frais de réseau appelés gaz.

Pendant le processus de développement, Rarible permet aux artistes de frapper les NFT sur la blockchain (on-chain). Par conséquent, les prix seront plus bas à l'avenir. Rarible est votre meilleur atout si vous avez l'intention de vendre quelques NFT à des prix astronomiques. En revanche, vous pouvez utiliser le gestionnaire de collection d'OpenSea si vous souhaitez créer un grand nombre de NFT bon marché.

Les utilisateurs peuvent créer un nouvel ensemble avec le gestionnaire de collection d'OpenSea pour un coût unique. L'équipe centralisée d'OpenSea peut construire et stocker une quantité infinie de NFTs hors chaîne avant qu'une vente ne soit faite en utilisant cet ensemble. Votre NFT sera mis sur la chaîne et transféré après que l'acheteur ait payé la taxe d'essence de la transaction.

Ce chapitre vous guidera à travers les étapes pour créer vos propres NFTs dans un set OpenSea.

1ère étape - Configurer MetaMask La configuration d'un porte-monnaie logiciel est la première étape de la création de votre propre NFT. Vous devrez utiliser ce portefeuille pour stocker vos NFT et payer les frais de gaz de la blockchain.

Rendez-vous sur metamask.io pour obtenir le logiciel ou installez l'extension chrome. Il est rapide et gratuit de créer un porte-monnaie MetaMask. Conservez uniquement votre phrase de démarrage au cas où vous auriez besoin de récupérer le portefeuille à l'avenir.

Gardez à l'esprit que les portefeuilles ne stockent pas de crypto-monnaies ou de NFT ; ils stockent plutôt votre clé privée, qui est nécessaire pour approuver les transactions. Les crypto-monnaies et les NFT sont stockés sur la blockchain et l'ID du portefeuille est utilisé pour identifier qui possède quoi.

2ème étape - Tokeniser votre art Vous pourrez réaliser vos NFTs une fois que vous aurez configuré un portefeuille MetaMask. Allez sur opensea.io et choisissez Build dans la barre de menu. Vous pouvez maintenant utiliser OpenSea pour relier votre porte-monnaie MetaMask.

Cliquez sur le bouton Add New Item après avoir donné un nom à votre ensemble NFT. Vous pouvez maintenant télécharger le fichier que vous voulez tokeniser et lui attribuer des propriétés et des statistiques pour le distinguer du reste de votre ensemble.

Fixez un prix de vente au détail après avoir déterminé le nombre de copies de chaque article dont vous avez besoin.

3ème étape - Faire un listing de la place de marché.

Vous devez d'abord autoriser OpenSea à vendre les produits de votre compte avant de pouvoir vendre votre premier NFT. Vous devrez payer une taxe sur le gaz puisqu'il s'agit d'un achat en blockchain. Vous êtes prêt à partir si vous envoyez de l'Ether à votre MetaMask. Cette taxe n'est nécessaire que lorsque vous créez une collection NFT pour la première fois.

Vous pouvez acheter de l'Ethereum sur Coinbase ou Gemini et l'envoyer sur votre porte-monnaie MetaMask si vous n'en avez pas déjà. Commencez par consulter le guide de Benzinga sur l'achat d'Ethereum si vous êtes novice en matière de crypto-monnaies. Tout le monde peut trouver et acheter des NFT sur la place de marché OpenSea maintenant que vous avez autorisé OpenSea à les vendre. C'est fini !

Il y a trois façons principales de générer des gains NFT dans l'industrie : le scalping, l'investissement et le trading.

Pour la plupart des gens, investir dans une plateforme comme Nifty Gateway, OpenSea ou Rarible est leur meilleure chance de profiter de la bulle NFT avant qu'elle n'éclate. La majorité des mineurs sont rentrés chez eux les mains vides pendant la ruée vers l'or en Californie, mais ceux qui ont vendu des pics et des pelles ont fait fortune.

Il pourrait être intéressant pour vous de construire vos propres NFT pour vos fans si vous êtes un artiste ou un influenceur. Logan Paul, un YouTuber et boxeur professionnel, a gagné 5 millions de dollars en un jour en vendant 3 000 NFT à un Ether chacun. Le NFT FOMO a atteint de nouveaux sommets. Si vous avez un don pour prévoir la demande de revente, achetez un robot Nifty Gateway à 300 $ sur Upwork et commencez à scalper !

Les NFT représentent également des objets réels et numériques. La NBA, par exemple, met en jeton des extraits des plus grands matchs de basket-ball de l'histoire et les vend pour une fortune - et elle reçoit une part de 5 % de toutes les ventes sur le marché secondaire - un autre avantage des NFT pour les fabricants.

Les images tokenisées d'avatars 24 x 24 bits constituent les crypto punks. Il y a 10 000 crypto punks, chacun d'entre eux étant spécial et se vendant en moyenne 15 000 $ chacun.

Il y a 9 extraterrestres, 24 primates, 88 zombies, 3 840 femelles et 6 039 mâles, chacun avec ses caractéristiques et sa rareté. Seulement 44 crypto-punks ont la caractéristique "beanie", ce qui leur donne immédiatement plus de valeur qu'un des 332 crypto-punks avec des lunettes VR.

La blockchain change la façon dont nous pensons à l'art et aux objets de collection, mais ce n'est qu'un début. La tokenisation est une technique polyvalente avec une multitude d'applications encore à explorer.

Les NFT semblent avoir une longue vie devant eux. La question est de savoir quels sont les NFT capables de résister à l'épreuve du temps et de conserver leur valeur. Chaque ensemble de NFT a sa propre proposition de valeur mais, en fin de compte, ils ne valent que ce que quelqu'un est prêt à payer pour eux.

Avec le temps, la grande majorité des NFT produits deviendront pratiquement inutiles. Certains, en revanche, peuvent gagner en valeur et en popularité.

10

Comment acheter des NFT

Les jetons non fongibles se distinguent quelque peu des autres investissements en crypto-monnaies. Comme les autres crypto-monnaies, ces jetons n'ont pas de valeur basée sur leur utilité. Au lieu de cela, le média attaché aux NFT leur donne un sens - les types de médias les plus populaires sur les NFTs aujourd'hui sont l'art et la musique, mais les NFTs peuvent tokenize n'importe quel actif du monde réel.

Les NFT sont des jetons basés sur Ethereum qui sont utilisés pour valider la propriété de l'actif associé au jeton. Bien que les NFT soient coûteux, vous obtenez plus qu'un fichier JPEG. Dans un premier temps, créez un compte sur la place de marché NFT.

Les NFT peuvent être achetés et vendus sur différents sites Web. Vous pourrez acheter différents styles d'art ou d'objets de collection en fonction de la place de marché choisie.

Voici quelques-unes des places de marché NFT les plus connues :

Opensea est connu comme un marché basé sur Ethereum pour les jetons non fongibles. Les utilisateurs peuvent échanger des jetons non fongibles contre des crypto-monnaies via le réseau. Il vend tout, des pièces de jeux vidéo aux œuvres d'art numériques.

Les NFT ont leur propre réseau social appelé SuperRare. Chaque pièce de la plateforme est unique et les utilisateurs peuvent acheter et vendre ces pièces uniques sur le site Web de la plateforme. Pour effectuer un achat, vous devrez financer votre compte avec des jetons Eth puisque la plateforme fonctionne sur le réseau Ethereum.

La célèbre bourse de crypto-monnaies Gemini possède Nifty Gateway, une place de marché NFT. Des artistes célèbres, dont Steve Aoki, Grimes, 3LAU et d'autres, collaborent pour publier des œuvres d'art sur la place de marché primaire.

Les collectionneurs peuvent revendre leurs œuvres d'art sur le marché secondaire de l'entreprise. Vous pouvez utiliser Ethereum pour financer votre compte Nifty ou vous pouvez utiliser le site Web pour ajouter une carte de crédit.

NBA Top Shot est un site Web où vous pouvez acheter et vendre des souvenirs NBA sous licence officielle. Ces cartes de basket numériques sont plus interactives que les cartes à collectionner traditionnelles et constituent une nouvelle approche des cartes de basket. Des séquences de jeu des équipes présentées, par exemple, sont incluses dans les cartes.

La carte LeBron James Dunk, qui comportait un clip de James faisant un dunk contre les Houston Rockets et s'est vendue plus de 200 000 dollars, a été la carte la plus chère vendue sur NBA Top Shot.

Étape 1 Sorare est une boutique en ligne où vous pouvez acheter et vendre des cartes NFT de football en édition limitée. Plus de 125 clubs sont actuellement répertoriés, et d'autres sont ajoutés chaque semaine. Connectez-vous et échangez avec d'autres fans sur la place de marché ouverte de Sorare ou jouez au jeu Global Fantasy Football, où vous pouvez créer votre équipe et gagner des points en fonction de résultats réels.

Étape 2 : Déposez sur votre compte bancaire.

Vous pouvez acheter de l'Ethereum sur une bourse de crypto-monnaies et envoyer votre crypto sur votre compte de marché si vous avez déjà un compte avec l'un d'eux. eToro et Coinbase sont des choix décents pour les débutants si vous n'avez pas déjà un compte de bourse de crypto-monnaies.

Étape 3 - Achetez votre NFT Une fois votre compte approvisionné, l'achat d'un NFT est une opération simple. Vous devrez faire une offre pour le NFT que vous souhaitez acheter car la plupart des places de marché sont configurées comme des enchères. Pour les NFT comportant de nombreux tirages, certaines places de marché fonctionnent davantage comme des enchères, avec l'offre la plus élevée et la demande la plus basse.

La valeur de revente future d'un TNT acheté directement sur la place de marché principale est un bonus. Certains NFT très demandés se vendent 5 à 10 fois plus cher que leur prix initial peu après leur sortie. L'inconvénient de l'achat de NFT sur le marché libre est qu'il est difficile de prévoir la demande. Vous pouvez comparer votre achat à des achats antérieurs sur le marché secondaire.

11

Comment vendre les NFT

Les cartes à échanger numériques, l'art, les biens immobiliers virtuels et les jeux sont tous des exemples de NFT. Contrairement aux crypto-monnaies courantes telles que le Bitcoin et l'Ether, les NFT ne peuvent pas être négociées directement et sont distribuées par le biais de certaines plateformes. La plupart des plateformes NFT exigent que les clients disposent d'un portefeuille numérique et utilisent des crypto-monnaies telles que l'Ethereum, le WAX ou le Flow.

La majorité des plateformes d'échange d'art numérique permettent aux artistes de percevoir des redevances. Certaines plateformes d'art s'adressent à un groupe restreint d'artistes, tandis que d'autres permettent à tout le monde de créer et de vendre leurs œuvres.

Les NFT ont également procuré une manne de bénéfices aux artistes numériques professionnels. La semaine dernière, Trevor Jones, un artiste NFT, a déclaré à Insider que les plates-formes d'échange d'œuvres d'art numériques pourraient éviter le recours à des marchés de l'art plus traditionnels.

Les NFT ont également suscité l'intérêt de nombreuses maisons de vente aux enchères traditionnelles. Christie's, une maison de vente aux enchères fondée en 1766, a mis aux enchères une pièce Beeple en février, marquant la première incursion de la société sur le marché des jetons numériques. À deux jours de la fin des enchères, la pièce est actuellement évaluée à 9,75 millions de dollars.

Des plateformes comme Super Rare, Nifty Gateway Foundation permettent aux acheteurs de choisir parmi des œuvres soigneusement sélectionnées par des artistes numériques multimillionnaires comme Griffin Cock Foster et Beeple. Duncan, cofondateurs de Nifty Gateway, a déclaré à Insider que leur entreprise traite avec les artistes en tête-à-tête.

"L'une des meilleures choses à propos de Nifty Gateway est qu'il y a tous ces artistes qui ont essentiellement juste existé sur Instagram ou Twitter en faisant tout ce travail très spécial, mais qui n'ont jamais eu un moyen de gagner de l'argent avec ça", a déclaré Griffin Cock à Insider. "Ils ont commencé à vendre de la cryptoart et ils en récoltent encore les fruits et gagnent en popularité."

Des noms comme Grimes et le dessinateur de BD numérique Chris Torres sont apparus sur les plateformes Nifty Gateway, Super Rare et Foundation. Les artistes gagneront jusqu'à 10 % de redevances pour toutes les ventes potentielles de leurs œuvres sur ces canaux.

Bien que Nifty Gateway vise à rendre sa plateforme plus ouverte aux acheteurs en les encourageant à payer avec une carte de crédit, d'autres plateformes mettent davantage l'accent sur l'abaissement de la barrière d'entrée pour les développeurs. Zora et Rarible sont des plateformes sur invitation uniquement, tandis que Mintable et Rarible permettent aux utilisateurs de télécharger et de vendre des images et du texte en tant que NFT.

Les artistes peuvent toujours percevoir des droits d'auteur sur ces pages, mais elles ne sont pas aussi bien conçues. Rarible permet aux utilisateurs de télécharger des images vierges ou leurs interprétations d'œuvres d'art connues. Sur ces sites, les NFT peuvent être achetés pour 10 dollars seulement ou pour des centaines de milliers de dollars.

OpenSea se présente comme la plus grande place de marché non traditionnelle du monde, avec des produits allant de l'art à la réalité virtuelle, en passant par le sport et les cartes à collectionner. Environ 200 catégories et 4 millions de produits sont disponibles sur le site.

Sur OpenSea, l'un ou l'autre peut être utilisé pour acheter des produits NFT courants tels que des CryptoPunks, des CryptoKitties et des biens immobiliers virtuels. OpenSea a été surnommé "l'eBay de la blockchain" par DappRadar, un blog qui suit et analyse les applications décentralisées.

Decentraland, un site Web populaire d'immobilier virtuel, est l'une des places de marché qui fonctionne sur OpenSea. Selon DappRadar, OpenSea a vendu pour près de 24 millions de dollars de NFT la semaine dernière.

Les revenus des NFT sont fortement affectés par le sport.

NBA Top Shot propose à la vente une grande variété de clips sportifs, allant de 20 à plusieurs milliers de dollars. NBA Top Shot propose un large éventail de clips sportifs à la vente, allant de 20 à plusieurs milliers de dollars. Top Shots dans la NBA Selon CryptoSlam, NBA Top Shot, un site

Web où les gens peuvent acheter des extraits vidéo sous forme de NFT, a vendu pour plus de 260 millions de dollars de NFT au cours du mois dernier. En février, un dunk de LeBron James a établi le record du Top Shot le plus cher, vendu pour 208 000 dollars en flux.

Les sports fantastiques ont eu un impact sur les revenus des NFT. Si rare est un jeu de fantasy soccer qui permet aux utilisateurs d'acheter, de vendre et de gérer des équipes virtuelles à l'aide de cartes de joueurs numériques. Selon CryptoSlam, l'une des dix plateformes de crypto-collectibles les plus populaires est Axie Infinity, qui vend des personnages de dessins animés conçus pour se battre, à l'instar de Pokmon.

Selon CoinDesk, en 2020, le site comptait plus de 10 000 utilisateurs actifs mensuels, ce qui en fait le jeu le plus populaire d'Ethereum. Looking Glass Factory, une plateforme qui produit des hologrammes numériques et les vend sous forme de jetons, est l'un des nombreux sites qui ont trouvé le succès dans le secteur de niche des objets de collection NFT.

12

Comment investir dans les NFT et comment les NFT peuvent s'ajouter aux portefeuilles d'actifs cryptographiques ?

L'idée des NFT ou jetons ininflammables qui représentent une œuvre d'art numérique ou tout autre objet numérique à collectionner est la dernière folie en matière d'investissement. "Fongible" est un concept qui définit quelque chose qui peut être facilement remplacé par quelque chose de valeur similaire.

Un objet non fongible est un objet unique qui ne peut être remplacé. Les NFT permettent à quiconque d'acheter ou de vendre une œuvre d'art numérique unique, l'acheteur en étant le seul propriétaire. Bien que les NFT soient un nouveau type d'investissement, certains ont déjà été vendus pour des millions de dollars, ce qui illustre leur valeur, mais sont-ils le bon investissement pour vous ?

Les NFT sont des jetons basés sur la blockchain qui contiennent des détails sur une seule œuvre d'art numérique. Il n'y a pratiquement aucune limite aux types d'œuvres d'art qui peuvent être achetées sous forme de NFT. Le PDG de Twitter, Jack Dorsey, a récemment fait la une des journaux lorsqu'il a vendu le premier tweet en tant que NFT pour 2,9 millions de dollars. Nyan Cat, un mème vieux de dix ans, a été la vedette d'un GIF animé d'une valeur de 500 000 dollars. Une peinture numérique de Beeple, un artiste numérique, a été vendue pour 69 millions de dollars.

Comme pour les ventes d'œuvres d'art physiques, ce n'est pas l'achat d'œuvres d'art qui rapporte le plus, mais la vente d'œuvres d'art au plus offrant. Comme pour l'art physique, vous pouvez acheter une reproduction de la Joconde, mais il n'y aura jamais qu'une seule Joconde originale.

Les NFT étant un investissement si récent, il y a encore beaucoup à apprendre à leur sujet. En outre, l'évaluation de l'art numérique peut être difficile, ce qui fait des NFT un investissement à haut risque. Lorsque vous investissez dans des actions, c'est le cours de l'action qui détermine la valeur de votre investissement. Acheter une action à un prix bas et la revendre à un prix plus élevé peut être rentable.

La valeur de l'art numérique, en revanche, est mesurée par le prix que quelqu'un est prêt à payer pour l'acquérir. Étant donné qu'il n'existe pas de lignes directrices pour évaluer la valeur d'un mème, d'un GIF ou d'un tweet, personne ne sait combien vous pourrez en tirer, ni même si vous pourrez le vendre.

Un ensemble de pièces d'or Si vous envisagez sérieusement d'investir dans des NFT, fixez un budget et achetez uniquement ce que vous pouvez vous permettre de perdre. Comme les NFT sont très spéculatifs, ne vous attendez pas à gagner de l'argent avec eux. Il est également judicieux d'investir le reste de l'argent dans des placements plus sûrs, comme des fonds indiciels ou des fonds négociés en bourse (FNB).

Les FNT sont un type d'investissement moderne, mais ils ne conviennent pas à tout le monde. Si les NFT vous intéressent et que vous disposez d'un peu d'argent, il n'est pas inutile de vous lancer. Sinon, il est préférable de rester sur la touche et d'observer ce phénomène à distance.

Les méga-capitales comme Sotheby's et Christie's, et les sociétés en ligne comme eBay et Etsy, nous aident désormais à vendre et à tirer profit de nos collections. Pour se couvrir contre la fraude et les blessures, les gens dépensent une petite fortune en assurances. Nombreux sont ceux qui, bien informés, amassent un capital important.

Les NFT sont traités de la même manière. De nombreuses personnes voudront posséder l'original, même si les œuvres d'art numériques sont plus faciles à copier et à distribuer. Un mélange d'amour et de fierté inspire de nombreuses personnes ; on dit que le sultan de Brunei possède 7 000 véhicules.

Par ailleurs, d'autres souhaitent exprimer leur gratitude à l'artiste original pour avoir créé un objet qu'ils désirent. Sur Etsy, des dizaines de milliers d'artistes numériques indépendants vendent leurs œuvres pour moins de 100 dollars et si vous aimez un artiste en particulier, je vous conseille vivement d'acheter une ou deux œuvres bon marché, ne serait-ce que pour permettre aux créateurs de continuer à faire ce qu'ils font.

Les investisseurs doivent avoir une compréhension unique des actifs représentés par les NFT pour en tirer profit. Les fans de basket-ball qui sont capables de prévoir correctement les futures superstars de la NBA peuvent acheter des bobines d'extraits à bas prix maintenant et gagner des millions lorsque les stars se révéleront dans quelques années. Steve Nash et Kobe Bryant ont tous deux connu des saisons de débutants décevantes (Kobe marquait 7,6 points par match à 18 ans !). Tous deux, en revanche, sont devenus des superstars dans le futur. Toute équipe qui aurait misé sur eux très tôt aurait gagné de l'argent. En revanche, ceux qui achètent des one-hit wonders de la NBA comme NFT pendant leurs 15 minutes de gloire ont peu de chances de réussir.

De même, dans le monde de l'art, il y a toujours eu des ratés et des stars. La plupart des premières œuvres de Banksy ont été recouvertes par des fonctionnaires qui les ont prises pour des graffitis. Entre-temps, ses œuvres ultérieures se vendent aussi cher que celles de Rembrandt aux enchères, les gens ordinaires ayant du mal à faire la différence entre les chefs-d'œuvre et les œuvres d'art standard.

En d'autres termes, concentrez-vous sur votre domaine de spécialisation si vous voulez gagner de l'argent avec les NFT. Allez voir Decentraland, un monde virtuel exploité par Ethereum, si vous aimez les jeux vidéo (CCC : ETH-USD). Si vous êtes un fan de sport à l'affût des talents, les NFT de la NBA pourraient vous convenir. Faites de l'art ou de la musique votre domaine d'expertise si vous avez du talent dans ces domaines.

Pour investir dans les NFT, il faut faire deux bonds de confiance. Le premier est évident : l'actif sous-jacent doit être précieux et en croissance pour être rentable. Si vous pensez que l'artiste peut faire un nombre infini de copies d'une œuvre d'art numérique, il est inutile de l'acheter.

Le deuxième saut de confiance est un peu plus difficile : Les acheteurs de NFT doivent faire confiance à l'ensemble du cadre de la cryptomonnaie. Lorsque vous achetez une NFT, vous recevez un jeton qui vous identifie comme propriétaire d'un actif spécifique.

Cela se fait souvent sur le réseau Ethereum, qui gère la cryptomonnaie Ether. Cardano (CCC : ADA-USD) et Polkadot (CCC : DOT1-USD) sont deux nouvelles pièces qui ont récemment fait leur entrée dans la mêlée.

Alors, que pouvez-vous faire pour augmenter vos chances ?

Lorsque vous achetez une NFT, vous devez vous assurer que le bien n'appartient pas à quelqu'un d'autre. Dans le monde réel, l'assurance titre est une industrie de plusieurs milliards de dollars qui garantit que vous n'achetez pas une propriété dont le vendeur a menti sur la propriété. Toutefois, si vous voulez éviter de recevoir un objet altéré ou protégé par le droit d'auteur, vous devez faire vos devoirs dans le monde des NFT.

Par conséquent, les investisseurs doivent éviter de mettre trop d'argent dans une seule NFT. Même si vous vous attendez à ce qu'un actif double ou quadruple de valeur, vous pouvez limiter votre portefeuille brut investissable à 5 % à 10 % de votre portefeuille total investissable pour vous couvrir si quelque chose ne va pas. Dans le pire des cas, tous les meilleurs actifs seraient sans valeur.

Simultanément, ne vous surmenez pas. Si vous achetez un millier d'œuvres d'art numérique de faible qualité, un champion 10x ne fera pas bouger l'aiguille.

13

Comprendre les stocks de NFT

Si l'on tient compte de la valeur de revente de l'art, les NFT deviennent une opportunité d'investissement intéressante. C'est proche de l'achat d'œuvres d'art physiques. Si vous souhaitez simplement conserver l'œuvre d'art, en avoir la possession ne vous sera d'aucune utilité.

Bien sûr, contempler l'œuvre d'art peut vous procurer un sentiment de satisfaction. Mais la vente d'œuvres d'art au plus offrant peut rapporter gros. En d'autres termes, si vous pouvez acheter une œuvre d'art unique et la revendre plus cher que vous ne l'avez payée, vous en tirerez un bénéfice considérable.

La force de la blockchain est qu'elle élimine la possibilité de fraude et de vol. Il y aura des codes et une authentification pour confirmer et valider l'authenticité de l'œuvre d'art que vous possédez. D'autres personnes peuvent également créer des copies d'une œuvre d'art numérique originale, mais il ne reste qu'un seul original. L'original appartient à la personne qui possède le NFT de cette œuvre d'art.

Si quelqu'un vous avait demandé en janvier ce qu'étaient les actions NFT, vous l'auriez probablement regardé d'un air absent. L'enthousiasme a suscité des reprises à Wall Street dans un grand nombre de valeurs technologiques cette semaine. Comme je l'ai déjà dit, certaines d'entre elles n'ont pas grand-chose à voir avec la niche NFT. Cependant, sur la base de la spéculation, les investisseurs pensent que ces sociétés vont s'exposer aux NFT.

Il est difficile de dire si les actions NFT décolleront à long terme à ce stade. Examinez les stocks de cannabis et les cryptocurrences de 2017 à

2019. Si l'histoire est un guide, l'excitation entourant les actions NFT va probablement s'estomper bientôt.

Avec tout le battage médiatique, il est facile de le rejeter comme de la science-fiction qui ne se réalisera jamais. Cependant, si nous regardons de près, nous pouvons voir que quelque chose se passe dans les coulisses et pourquoi je dis cela ?

L'année dernière, selon Nonfungible.com, le volume global des transactions NFT a atteint 250 millions de dollars. Les transactions NFT ont totalisé plus de 220 millions de dollars rien que le mois dernier. Il semble que nous vivions quelque chose qui augmente à un rythme sans précédent.

Traditionnellement, tout art numérique peut être facilement partagé, sauvegardé ou téléchargé sur Internet. Cependant, comme tout le monde peut l'utiliser, il n'y a pas de sens clair de la propriété. Supposons que vous soyez un artiste, particulièrement talentueux.

Vous produisez également des œuvres d'art parmi les plus étonnantes, mais qu'en est-il de l'utilisation de votre imagination ?

Vous semblez avoir eu peu de succès avec elle jusqu'à présent, du moins avec la plupart des citoyens. Cependant, il existe un moyen de donner à l'art numérique un sens de l'individualité en utilisant les NFT. Cela donne également l'occasion aux bons artistes de continuer à réaliser des œuvres innovantes.

L'industrie de l'art a de nombreuses possibilités pour les NFT. Toutefois, avant toute chose, le marché doit être réglementé. Il n'y a actuellement aucune loi qui dicte qui est autorisé à construire des NFT et qui ne l'est pas. Avant cela, je n'investirais pas dans des actions NFT sans attendre que la poussière retombe, mais, ne vous méprenez pas : j'aime l'art.

Je crois sincèrement que cela a le potentiel de changer la façon dont l'art est perçu dans notre culture. Peut-être que ce n'est que moi, mais avant d'investir dans les actions NFT, j'aimerais voir des développements plus concrets. Toutefois, il ne s'agit que de mon opinion ; la décision finale vous appartient. Assurez-vous de faire vos devoirs et d'étudier.

La chasse aux actions liées aux jetons non fongibles (NFT) s'intensifie et les investisseurs recherchent alors frénétiquement des opportunités. Le fait que les crypto-actifs commencent à remuer les connaissances grand public est à l'origine de l'intérêt pour les actions NFT. Des célébrités telles que Jack Dorsey et Elon Musk ont expérimenté des offres et les marques suivent le mouvement.

Êtes-vous le genre d'investisseur prêt à prendre un niveau de risque élevé en échange de la possibilité d'un rendement élevé ?

Les actions NFT peuvent être erratiques. Comme vous le verrez ci-dessous, de nombreuses entreprises expérimentent les offres NFT. D'autres utilisent un mélange de recherches en ligne et de rumeurs sur les médias sociaux pour atteindre de nouveaux sommets. Par conséquent, cette tendance naissante est extrêmement dynamique, mais aussi extrêmement risquée.

Lorsque vous évaluez ces entreprises, veillez à peser les risques et à faire des recherches sur ce qui les rend spéciales.

Pensez-vous que c'est une bonne chose qu'elles soient associées à des cibles NFT ou à la technologie blockchain ?

Leurs entreprises sont-elles mûres pour de potentielles transactions en crypto-monnaies ?

Ont-ils des services NFT qui génèrent des revenus ?

Il y a de l'argent à gagner dans la pièce, car l'artiste numérique Beeple a gagné près de 70 millions de dollars pour une seule pièce, mais il y a aussi de l'argent à perdre.

En gardant cela à l'esprit, voici les dix meilleures actions NFT qu'InvestorPlace suit actuellement.

- Takung Art est une forme d'art martial (NYSEMKT : TKAT) - Jiayin Group est un conglomérat chinois (NASDAQ : JFIN) - Group of Oriental Culture (NASDAQ : OCG) - Media in Liquid Form (NASDAQ : YVR) - Hall of Fame Resort & Entertainment est un complexe de villégiature et de divertissement situé à Las Vegas, Nevada (NASDAQ : HOFV) - Funko Pop ! (NASDAQ : FNKO) - Cinedigm est une société de production cinématographique spécialisée dans (NASDAQ : CIDM) - Color Star Technology est une technologie qui vous permet de voir les couleurs (NASDAQ : CSCW) - WiseKey est un programme qui vous permet de créer un (NASDAQ : WKEY) - KBS Fashion Group est une société de mode basée en Corée (NASDAQ : KBSF)

14

Les NFT pour les jeux, l'identité numérique, les licences, les certificats et les beaux-arts

Les objets de collection, l'art, les jeux et les mondes virtuels sont les principales catégories de cas d'utilisation NFT existants. D'autres catégories, telles que le sport, la mode et les propriétés du monde réel, connaissent toutefois un essor croissant.

Terra Virtua est l'un des premiers réseaux numériques immersifs d'objets à collectionner au monde, avec certains des plus grands noms d'Hollywood, dont Topgun, la série Le Parrain, Pacific Rim, Sunset Boulevard Lost in Space, entre autres. Il a également une relation avec Paramount Pictures.

1. Antiquités et objets de collection Les objets de collection sont actuellement l'une des applications les plus courantes des NFT en termes de volume de ventes, représentant environ 23,6 % de toutes les ventes du mois précédent. CryptoPunks, qui a fait ses débuts en juin 2017 et s'est depuis vendu pour des milliers de dollars, est l'un des premiers NFT de collection sur Ethereum.

Ils ont été créés avant le lancement de l'ERC-721 et un wrapper a dû être créé pour qu'ils puissent être échangés sur des bourses telles qu'Opensea. Les CryptoKitties sont devenus des objets de collection bien connus, avec des ventes atteignant plus de 38 millions de dollars depuis leur lancement en novembre 2017, 2. Jouer à des jeux vidéo Les gamers, comme dit précédemment, constituent un marché cible idéal pour les NFT puisqu'ils sont déjà familiarisés avec les mondes et les monnaies virtuels. L'industrie du jeu est en plein essor grâce aux NFT, qui permettent aux objets dans le jeu d'être tokenisés et facilement transférés ou échangés à l'aide d'échanges en peer-to-peer et de places de marché.

En revanche, les jeux traditionnels interdisent la vente ou le transfert d'objets en jeu tels que les armes et les skins peu communs.

Comme les joueurs ont le plein contrôle de leurs propriétés numériques, les NFT rendent l'expérience de jeu plus tangible et plus satisfaisante. Ils sont également à l'origine d'une nouvelle économie, car les joueurs peuvent désormais tirer parti de leurs propriétés en jeu en les construisant et en les améliorant.

3. Artpiece L'un des problèmes les plus épineux pour les artistes numériques est la violation des droits d'auteur, mais les NFT constituent un remède car elles fournissent des preuves de propriété et d'authenticité et éliminent les problèmes de contrefaçon et de fraude.

Comme les musées et les galeries ferment à cause de COVID-19, de nombreux artistes se sont tournés vers les NFT et les salles d'exposition en ligne, selon un article de Coindesk, et "tout comme le bitcoin a ouvert la voie aux transactions entre pairs en établissant un grand livre public des événements, la cryptoart a une provenance intégrée."

En juillet, "Picasso's Bull" a établi un nouveau record pour la vente aux enchères d'art la plus élevée de la NFT, se vendant pour plus de 55 000 $. "Ces entreprises peuvent également stimuler et rationaliser les revenus des artistes en les reliant directement aux clients via des solutions de paiement et d'échange basées sur la blockchain", selon Cointelegraph.

4. Des univers interactifs Les mondes numériques sont une autre application des NFT. Les utilisateurs peuvent construire, posséder et monétiser des parcelles de terrain virtuelles et d'autres produits NFT en jeu sur des plateformes de réalité virtuelle décentralisées, notamment Decentraland, The Sandbox et Cryptovoxels.

Les TERRAINS de Decentraland sont la propriété permanente du groupe, ce qui donne aux joueurs la propriété complète de leurs propriétés et créations virtuelles. Compte tenu de l'expérience de la génération Z avec les mondes virtuels et de la façon dont leur compréhension des biens de valeur varie de celle des générations précédentes, les biens du monde virtuel leur offrent la polyvalence et l'option qu'ils apprécient : " 5. Propriétés et documents du monde réel Les propriétés du monde réel, telles que les biens immobiliers et les obligations, et les documents tels que les accréditations, les licences, les dossiers médicaux, les certificats de naissance et de décès, peuvent être tokenisés.

Toutefois, cette catégorie n'en est encore qu'à ses débuts, avec peu d'applications mais, à mesure que le monde des crypto-monnaies et les NFT se développent et s'étendent, qui dit que vous ne pourrez pas un jour (peut-être bientôt) posséder un vignoble dans un autre pays, à des milliers de kilomètres de là ? Votre portefeuille numérique pourrait bientôt contenir la preuve de chaque certificat, licence et actif que vous possédez, pour ce que nous en savons.

15

Problèmes ou controverses entourant les NFT et le Cryptoart

Sur le marché des NFT, il n'y a pas d'argent à gagner. Cependant, vous avez peut-être entendu dire que les NFT font l'objet d'un certain débat, notamment en ce qui concerne leur effet sur l'environnement.

Les artistes peuvent contribuer en essayant de produire des œuvres neutres en carbone (Beeple a déjà promis de le faire à l'avenir, comme l'explique le tweet ci-dessus). Cependant, en raison de la manière dont les systèmes de crypto-monnaies sont construits, le problème est encore plus grave.

Pour assurer la sécurité des données financières de leurs utilisateurs, l'Ethereum, le Bitcoin et les autres crypto-monnaies dépendent d'un mécanisme de "preuve de travail" (semblable à une série complexe de puzzles), qui consomme une énorme quantité d'énergie. L'Ethereum, en réalité, consomme environ la même quantité d'énergie que le pays entier de la Libye. Oh, non.

ArtStation était tellement préoccupée par les effets sur l'environnement qu'elle est récemment revenue sur sa décision de vendre des NFT face à une opposition généralisée. Cependant, des organisations s'efforcent de faire bouger les choses, si bien que le problème pourrait ne plus être aussi conflictuel à l'avenir. Voici un aperçu de ce que Blockchain for Climate fait pour améliorer la situation.

Est-il possible pour quelqu'un de faire un NFT ?

Vous êtes arrivé jusqu'ici, alors vous vous demandez probablement si quelqu'un peut participer. Étant donné que quelqu'un a dessiné ce Gucci Ghost (ci-dessus) et l'a vendu pour la somme astronomique de 3 600 dollars, on pourrait penser que oui. Oui, légalement, tout le monde peut vendre un NFT. N'importe qui peut créer une œuvre, la convertir en NFT sur la blockchain (un processus appelé "minage") et la vendre sur le marché de son choix.

Vous pouvez également ajouter une commission au fichier qui vous coûtera chaque fois que quelqu'un achète l'œuvre, y compris lors des reventes. Vous aurez besoin d'un portefeuille, comme pour l'achat de NFT, et il devra être rempli de crypto-monnaies, et c'est cette demande d'argent à l'avance qui pose problème.

Les frais secrets peuvent être exorbitants, les sites facturant des frais de "gaz" pour chaque vente (le coût de l'énergie utilisée pour effectuer la transaction) et des frais pour la vente et l'achat. Vous devez également tenir compte des frais de conversion et des changements de prix en fonction de l'heure de la journée.

Par conséquent, les paiements seront également beaucoup plus élevés que le prix que vous obtenez pour la vente du NFT. Cependant, les frais varient d'un site à l'autre et certains sont meilleurs que d'autres, alors faites vos devoirs.

Que les NFT soient là pour rester ou non, ils sont sans aucun doute devenus le nouveau jouet des personnes ultra-riches et il y a de l'argent à gagner si vous arrivez à le faire. Les NFT offrent à l'art numérique une toute nouvelle signification et les prix observés lors des ventes aux enchères suggèrent qu'ils font partie intégrante de l'avenir de l'art et des objets de collection en général.

16

Cryptoart positif pour le climat

Les jetons non fongibles (NFT) ont été salués comme une panacée pour tout, de la vente d'actifs non liquides comme les propriétés immobilières à la lutte contre la contrefaçon.

L'art numérique, décrit comme des NFT, peut lutter contre le changement climatique et favoriser une économie numérique plus durable, selon le cas d'utilisation le plus récent avancé. Reverrons-nous cette époque comme une folie collective alimentée par des collectionneurs de cryptomonnaies ayant plus d'argent que de bon sens ?

Les NFT en tant que pouvoir constructif Les NFT sont apparus comme la solution à divers problèmes à mesure que l'environnement devient numérique, le virtuel remplaçant le physique. Selon leurs architectes, les NFT sont capables d'aligner les récompenses entre les fans et les artistes, de transformer les jeux électroniques, de promouvoir la rareté probable et d'alimenter une économie florissante pour les objets de collection numériques.

Les ENF peuvent-elles réellement contribuer au changement climatique, qu'elles sont accusées d'exacerber ?

Les NFT sont directement responsables de la destruction de l'environnement, selon la déclaration, car ils sont émis et échangés sur des blockchains énergivores qui consomment de grandes quantités d'électricité.

En effet, les contrats intelligents utilisés pour émettre et échanger les NFT reposent sur des blockchains à forte consommation d'énergie, comme Ethereum (mais moins que le bitcoin), ce qui se traduit par une intensité de carbone directe et coupable pour le climat.

Tout le monde ne croit pas que les NFT sont la seule cause de la disparition de la planète. Selon un groupe de musiciens, c'est le contraire qui est vrai. L'empreinte carbone des NFT a été largement sous-estimée. Pourtant, lorsqu'ils sont publiés sur des blockchains à faible consommation d'énergie, ils peuvent être une force du bien, en favorisant un marché florissant pour l'art numérique tout en compensant la consommation de carbone.

Le collectif Conscience, Beeple et SAF Ceux qui ne cessent de parcourir les groupes de discussion sur les crypto-monnaies à la recherche des nouveaux "bijoux NFT" et des collectifs doivent connaître Beeple. Il fut un temps où un artiste numérique inconnu était sur le point de devenir un nom connu, après que son œuvre "Everyday : The First 5000 Days" vendue chez Christie's pour un montant record de 69,3 millions de dollars. Beeple est ainsi devenu le troisième artiste vivant le plus cher à être vendu aux enchères.

Beeple collabore avec des performeurs numériques tels qu'Andres Resigner Sara Ludy Refik Anadol et Kyle Gordon dans un projet NFT encore plus audacieux : L'œuvre collective de l'artiste NFT est mise aux enchères (SAF) par la Social Alpha Foundation, une organisation caritative basée sur la blockchain.

Les recettes iront à la Open Earth Foundation (501(c)(3)), une organisation à but non lucratif engagée dans l'analyse et la mise en œuvre de la science ouverte interactive de pointe pour la comptabilité climatique suite à la Convention de Paris. La vente aux enchères #CarbonDrop dans le monde NFT est désormais tendance.

L'enchère porte sur 500 tonnes, représentées par le jeton RNDR, le produit parent "Octane" étant à l'origine de la plupart des graphiques NFT. Ces crédits carbone ont été enregistrés dans le cadre du programme et sont utilisés pour préserver la forêt amazonienne et éviter la déforestation. Il est difficile de critiquer le motif de cette collecte de fonds pour l'environnement. De tels efforts feront-ils une différence majeure dans la lutte contre le changement climatique ?

"C'était passionnant de travailler avec ces artistes incroyables pour sensibiliser à l'environnement et collecter des fonds pour des biens publics numériques essentiels." Notre travail sur la technologie du climat mondial est généralement très innovant pour le monde traditionnel, mais pas pour les artistes, qui élargissent les limites de leur champ d'action avec la technologie." Investir dans la perspective d'une faible consommation d'énergie L'Ethereum et le Bitcoin sont devenus les blockchains les plus énergivores du monde grâce au modèle de revenus dans lequel les mineurs combinent des ASIC très gourmands en énergie avec les chiffres croustillants dans une course pour détecter de nouveaux blocs et réclamer des récompenses.

Bien qu'une grande partie de l'énergie utilisée pour miner les crypto-monnaies provienne de sources renouvelables, la preuve que le fonctionnement des blockchains est respectueux de l'environnement serait trompeuse. Aucune somme d'argent collectée lors de collectes de fonds pour la séquestration du carbone ne compensera cela. D'autres réseaux pourraient avoir la clé pour résoudre le problème énergétique de la blockchain, notamment attribué aux NFT.

La preuve d'enjeu, une approche à faible consommation d'énergie pour sécuriser les blockchains dans laquelle les validateurs verrouillent ou stockent des actifs dans un contrat intelligent pour les inciter à adopter un comportement éthique, a été utilisée par la plupart des blockchains apparues depuis Ethereum. Si les règles de consensus du réseau s'appliquent, les validateurs, y compris les mineurs qui soutiennent les chaînes de preuves de travail, sont rémunérés par des jetons.

Ethereum est en train de passer aux preuves de travail, mais il s'agit d'un processus long et compliqué. En attendant, les mineurs continuent à effectuer des trillions de calculs par seconde pour protéger le réseau Ethereum grâce à la preuve de travail.

Il était encore difficile de convaincre les utilisateurs de crypto-monnaies de se tourner vers des alternatives à faible consommation d'énergie. Cependant, les utilisateurs ont maintenant une motivation plus tangible pour se tourner vers les chaînes Stake Proof : l'argent. Pour faire simple, l'utilisation d'Ethereum est interdite.

La demande d'espace de bloc, alimentée par les Defi et les NFT, a fait grimper les prix de l'essence à des niveaux jamais atteints. Les chaînes de preuve d'enjeu, auparavant en sommeil ou en construction, commencent à gagner en popularité, car les clients du commerce de détail remboursent régulièrement des achats en ligne qui atteignent désormais 100 dollars par transaction.

La plus populaire d'entre elles est Polygon (anciennement Matic), une blockchain peu coûteuse et évolutive qui se connecte au réseau Ethereum. L'écosystème d'applications décentralisées (dApps) de Polygon s'est révélé être un terreau fertile pour les NFT à faible consommation d'énergie et à faible coût.

Des centaines d'entreprises axées sur les NFT se sont installées sur Polygon, dont beaucoup de bâtiments dans les métavers de Decentraland - un univers virtuel appartenant aux utilisateurs. Ces dernières comprennent TradeStars, Combat Racers et Decentral Games, avec des casinos virtuels qui peuvent être visités dans le monde entier.

Tezos est une autre chaîne de contrats intelligents qui a bénéficié de l'accent mis sur la facture énergétique d'Ethereum. Mike Tyka, un artiste de l'IA, a choisi Tezos pour lancer sa collection NFT en citant les références environnementales de Proof of Stake.

"L'extraction de NFT basés sur Ethereum m'épargnera des années à essayer de minimiser mon impact climatique par un seul bouton", a émis l'hypothèse de Tyka, qui a un doctorat en biophysique et est conscient de la nécessité de promouvoir la durabilité. "Après avoir entendu parler de quelques alternatives suggérées, j'ai décidé d'embrasser ce que je crois être le seul avenir pratique et éthique pour les NFT si je veux entrer dans le vide".

L'artiste numérique a également manifesté son intérêt pour d'autres marchés NFT axés sur les PoS.

À mesure que les projets qui trouvent un moyen de s'affranchir des coûts élevés de l'Ethereum s'orientent vers les systèmes de preuve d'enjeu comme Polygon et Tezos et que les utilisateurs suivent le mouvement, le dilemme énergétique des NFT ne peut que disparaître.

Les passionnés du numérique sont impatients d'échanger les derniers NFT, mais ils ne veulent pas payer des centaines de dollars pour ce droit. Avec la preuve Stake chains, vous pouvez obtenir le meilleur des deux mondes : des frais peu élevés et une collaboration sur le changement climatique.

Utiliser les technologies modernes pour régler les vieux problèmes L'idée d'une blockchain qui permet des changements environnementaux peut sembler d'une portée considérable, voire ridicule. Après tout, un événement quinquennal prévu pour 2023 est l'Accord de Paris et sa route nette à zéro émission indépendante des acteurs non étatiques tels que les entreprises et les gouvernements infranationaux.

La Fondation Terre Ouverte cherche à compléter le TPS en soutenant une nouvelle méthodologie - les NFT - par des personnes actives dans la résolution d'un vieux problème. Ainsi, les collectionneurs d'art fortunés et les célébrités s'adonneront à la nouvelle mode des NFT tout en contribuant à la réduction des émissions de carbone et à la responsabilité climatique.

Naturellement, la conscience de soi est importante pour reconnaître les habitudes quotidiennes qui conduisent au changement climatique. À cet égard, les acteurs du NFT et des crypto-monnaies seront encouragés à minimiser autant que possible leur empreinte carbone grâce à une campagne de sensibilisation publique qui durera plusieurs mois.

Beeple a déjà déclaré que ses futurs travaux seraient neutres ou négatifs en carbone et que les plateformes NFT, les artistes et même les clients sont susceptibles de suivre à mesure que les pressions environnementales augmentent. Cela pourrait inclure des crédits carbone, un engagement en faveur de blockchains plus économes en énergie et des incitations financières pour les artistes qui créent des œuvres neutres en carbone, etc.

Les NFT n'en sont qu'à leurs débuts, représentant encore un faible pourcentage de toutes les transactions Ethereum dans le contexte de la publicité. Compte tenu de l'immaturité du secteur, il est encourageant de constater que des efforts sont encore déployés pour mettre en œuvre des pratiques environnementales saines.

Peut-être devons-nous remercier les musiciens sensibles ou peut-être l'engouement pour les NFT attire-t-il l'attention sur la question de longue date de l'utilisation de l'énergie dans la blockchain.

17

Les vrais inconvénients des NFT et des crypto-monnaies

Le vol d'art Vous avez peut-être vu les listes de blocage sur Twitter pour empêcher la tokenisation de votre travail. C'est particulièrement vrai dans les économies hypercapitalistes, où il n'y a pas ou peu de surveillance et où c'est la foire d'empoigne. C'est un problème grave qui met en péril la carrière de nombreux artistes.

De la même manière que la confiance ne peut être remplacée dans le monde réel, la confiance ne peut être remplacée dans les ENT. Le pont fondamental nécessaire pour persuader les autres que vous êtes digne de confiance et que l'on peut vous confier leur argent est la confiance.

Il existe déjà des places de marché comme SuperRare et Nifty qui exigent de multiples couches d'authentification avant de permettre aux artistes de répertorier leurs œuvres. Cependant, il existe encore de nombreuses failles, car d'autres sites comme Rarible et Opensea permettent à tout le monde de télécharger des œuvres, ce qui permet aux voleurs de s'emparer du contenu et d'en tirer profit.

Manipulation/Blanchiment d'argent J'ai beaucoup lu sur la façon dont Cryptoart peut être utilisé pour blanchir de l'argent. C'est réel et vous ne pouvez rien y faire. Alors que de nombreux artistes numériques sont outrés, les beaux-arts sont bien conscients que cela se produit depuis des siècles dans le monde réel.

Cela ne veut pas dire qu'il n'y a pas de vrais collectionneurs qui veulent acheter de l'art cool, mais on ne sait pas combien d'argent est utilisé pour collectionner de l'art par rapport au blanchiment d'argent véritable.

La vente de l'œuvre de Beeple, d'une valeur de 69 millions de dollars, a récemment suscité un tollé. Cette vente a permis à Beeple de consolider son statut de troisième artiste vivant le plus prospère au monde, mais elle pourrait avoir mis en évidence un plan sournois et infâme.

Criminalité et blockchain Les criminels ne font que passer de la dernière monnaie non traçable) à la prochaine monnaie non traçable (crypto) (crypto). Pendant des décennies, les gens ont utilisé l'argent liquide pour commettre des fraudes fiscales, faire des affaires de drogue et blanchir de l'argent.

Je suis sûr que nous avons tous entendu parler de la guerre de la drogue, mais les gens les utilisent toujours, quelle que soit votre position. Dans le passé, pour conclure des affaires de drogue, il fallait se rencontrer en personne. Cela rendait les choses très risquées, car le risque d'être blessé ou trompé était beaucoup plus élevé. Sur le dark web, les crypto-monnaies permettent aux marchés en ligne de fonctionner de manière similaire aux marchés libres, sauf pour les stupéfiants.

Ces marchés fonctionnent comme tous les autres marchés en ligne - avis, vitrines, etc. - mais ils éliminent tous les risques d'une rencontre en personne, car les commandes seront livrées et votre argent sera envoyé automatiquement, sans risque de rétrofacturation (une fois le bitcoin envoyé, vous ne pouvez pas le retourner).

Instabilité commerciale Compte tenu de son ascension fulgurante, le bitcoin est depuis longtemps instable. Sa valeur fluctue à la seconde près et, bien que cela soit valable pour presque toutes les devises puisqu'elles ne sont pas couramment utilisées et sont souvent évaluées sur la base de la spéculation, il n'y a aucun moyen de savoir ce qu'elles valent. Cela pourrait arriver aujourd'hui, demain, la semaine prochaine, le mois prochain ou même maintenant et cela s'est déjà produit dans le passé.

Son incertitude est traitée comme un actif (comme une action) plutôt que comme un capital tangible à des fins fiscales. Certains prétendent que lorsque de grandes entreprises investissent dans ce secteur, le capital finit par se soulever au sommet - mais la crypto dans son ensemble est désormais largement décentralisée et répartie au point qu'aucune organisation ne détient une part majoritaire.

La seule façon dont cela pourrait se produire serait que de grandes fermes minières ou institutions se regroupent et mettent en commun leur argent, mais c'est très peu probable compte tenu de la dispersion de l'industrie et de la façon dont chaque groupe a ses intérêts particuliers.

Points de vue contraires Je pense qu'il est important de discuter de la façon de combattre les points négatifs puisque, comme nous l'avons appris, il est peu probable que les crypto-monnaies et les NFT disparaissent, vous devez donc vous préparer.

Combattre le vol d'œuvres d'art Il existe déjà des groupes d'artistes qui ont peur d'être jetés en pâture s'ils publient leurs œuvres en ligne ; cependant, cela n'a jamais empêché les gens d'imprimer vos œuvres et de les vendre lors de conventions (ce dont plusieurs de mes amis ont été personnellement victimes).

Les conférences devraient-elles donc être interdites ?

Non, et, comme les conférences, les NFT sont un autre marché où, plus il devient légitime, plus vous devrez, en tant qu'artiste, apprendre à protéger votre travail et à l'empêcher de tomber entre de mauvaises mains.

Je ne dis pas que vous devez accepter ce vol, mais il ne fera qu'empirer tant que le monde continuera à suivre cette nouvelle forme d'économie. Cependant, plus elle sera légitimée, plus elle sera gouvernée.

Les plateformes actuelles qui maintiennent un processus de vérification (Nifty, Raible, SuperRare, etc.) sont bien établies et en pleine croissance. Il y a aussi le fait que les vrais collectionneurs ne voudront acheter qu'à des vendeurs réputés.

C'est la même chose qui se produit lorsqu'un historien de l'art qualifié vérifie l'authenticité d'un tableau original du XVIIIe siècle. Les grandes entreprises peuvent également s'associer à des organisations pour diffuser leurs propriétés en tant que marque confirmée.

Les ramifications de la législation sur le droit d'auteur font également l'objet d'un débat. Les grands conglomérats médiatiques (Disney, Marvel, etc.) pourraient (ou ont déjà) commencé à s'intéresser à cet espace, ce qui rend encore plus critique le fait que les artistes aient les connaissances nécessaires pour naviguer sur ce nouveau terrain. La prochaine fois que vous créez une œuvre, gardez à l'esprit qu'elle peut être incluse dans la salle NFT, et soyez conscient de vos droits dans cet espace.

Se battre contre tout cela en tant qu'artiste est épuisant. Je comprends votre point de vue. Nous sommes constamment confrontés à des robots de t-shirts sur Twitter, à des pirates d'Etsy, à des voleurs d'œuvres d'art dans les congrès, à des rediffuseurs d'Instagram, et même à de grandes entreprises comme Urban Outfitters qui nous volent nos emplois et maintenant ceci.

Depuis la nuit des temps, les criminels et les escrocs existent. Bien qu'ils aient envahi la salle NFT, vous devez savoir comment vous défendre en tant que créatif numérique. De nombreux artistes utilisent déjà des techniques telles que les filigranes, les copies en basse résolution, les dispositions anti-distribution en cas de plainte, etc.

Vous pouvez également bannir tout compte que vous soupçonnez de voler des œuvres d'art. Vous pouvez également bannir tout compte que vous soupçonnez de voler des œuvres d'art. Malheureusement, cela ne sera probablement pas suffisant, car la vitesse à laquelle les comptes robots peuvent être générés dépasse votre capacité à les contrôler.

C'est une raison de plus pour laquelle les artistes doivent plaider en faveur de meilleures plateformes et d'avancées technologiques pour protéger leur travail. Tout ceci suggère qu'il ne s'agit pas d'une conséquence négative directe de la technologie NFT et que nous, en tant qu'artistes, devons faire pression sur les points de vente existants pour la contrer.

Blanchiment d'argent Une chose à garder à l'esprit est que si vous prévoyez de mettre votre œuvre en ligne vous-même, vous recevrez 100% de l'argent (et toutes les redevances suivantes). Même si l'autre partie peut l'utiliser comme déduction fiscale, l'argent de la transaction vous revient.

Les stratagèmes à plusieurs niveaux (tels que les allégations concernant Beeple), dans lesquels un individu répertorie un travail et enchérit ensuite dessus comme s'il s'agissait de deux parties distinctes, sont les cas les plus troublants de blanchiment d'argent. En revanche, cela a peu d'effet sur vous et, en fait, augmente la valeur de votre travail lorsque les gens investissent dans les ETH/NFT.

Une autre chose à retenir est que la grande majorité des cryptoartistes et des collectionneurs croient vraiment en l'idée des NFT et veulent qu'elle réussisse. Cela implique de le légitimer comme un marché légitime et d'acheter/spéculer de la même manière qu'un marché du monde réel.

Il existe de nombreux amateurs d'art authentiques qui souhaitent réellement collectionner des œuvres d'art intéressantes. De même, la plupart des artistes sont de véritables artistes qui souhaitent simplement partager et vendre leurs œuvres. Ils sont conscients du blanchiment d'argent et, comme vous, sont susceptibles de le détester.

J'aimerais également souligner que les banques sont responsables d'une grande partie du blanchiment d'argent dans le monde des beaux-arts (qui va probablement se déplacer vers les NFT). Les fichiers FinCEN en ont révélé beaucoup et c'est un sujet important dont tout le monde devrait être conscient. De nombreuses entreprises et banques créent des "sociétés écrans", qui fonctionnent effectivement comme une agence distincte pour déplacer de l'argent sous le prétexte d'une transaction légale.

Une autre explication majeure de l'importance des crypto-monnaies / NFT est qu'elles évitent la fraude puisque toutes les transactions sont enregistrées et ne peuvent être altérées sur un réseau blockchain. La décentralisation empêche l'accumulation de l'argent dans de mauvaises mains.

18

Problèmes environnementaux avec le Cryptoart

Le cryptoart est un élément de métadonnées (généralement, une image ou une connexion à une image/un fichier, l'auteur du fichier, les horodateurs, les contrats ou le texte associés, et l'acheteur de l'œuvre) qui est attaché à une "pièce" (qui a une valeur monétaire sur une place de marché) et stocké dans une blockchain.

Un NFT est une pièce unique de cryptoart. Vous pouvez considérer chaque NFT comme une pièce de collection ou une carte à collectionner ayant sa valeur, qui est influencée par la valeur marchande globale des NFT, du réseau Ethereum et des crypto-monnaies en général. Sans les haricots, ils sont comme des bébés en peluche.

Le cryptoart est acheté et vendu avec et sa valeur est mesurée en Ethereum, une crypto-monnaie vieille de 6 ans qui s'échangeait à 1 ETH = 1476,21 $ au moment de la rédaction (14 heures, le 2 mars 2021).

Certains artistes ont écrit sur les coûts environnementaux uniques de la cryptoart. La quantité précise d'énergie utilisée pour frapper les œuvres d'art sur la blockchain varie, mais elle représente des semaines, des mois, des années (et dans certains cas des décennies) de la consommation d'énergie d'un citoyen européen ou américain typique. (Sur cryptoart. wtf, vous pouvez voir la quantité d'énergie que chaque NFT utilise et émet.) Ce genre de gaspillage allègre est un crime contre l'humanité pendant les hausses de température sans précédent, l'élévation du niveau de la mer, l'extinction généralisée des espèces, la perte totale de la glace de mer permanente, les événements météorologiques extrêmes sans fin et toutes les autres caractéristiques de l'effondrement total du climat.

Si les avis divergent quant à la mesure dans laquelle les ENF contribuent spécifiquement à ce problème, il n'y a guère de désaccord sur le fait qu'"alimenter un marché de l'art avec des quantités incroyables de pétrole brûlé" est une mauvaise chose. Cependant, indépendamment de votre sentiment général selon lequel "d'accord, il y a quelques mauvais côtés", si vous avez reçu cet article, c'est peut-être parce que vous avez posé une question comme celle-ci :

Mais le cryptoart peut-il nous aider à résoudre nos problèmes écologiques ?

Est-ce que cela vaut la peine de s'arrêter uniquement à cause des coûts énergétiques alors que d'autres pièces de type crypto sont utiles ?

Le cryptoart est-il nuisible à l'environnement au même titre que les foires d'art et les produits physiques ?

Le marché du cryptoart peut-il au contraire être alimenté par des compensations et des énergies renouvelables ?

N'est-ce pas une bonne idée de permettre aux artistes individuels de vendre leurs œuvres ?

Le coût énergétique du cryptoart n'a rien de spécial et ne s'applique pas à quelque chose qui peut être "frappé" ou acheté et vendu avec une monnaie basée sur la combustion de combustibles fossiles dans la blockchain Ethereum.

Quelle en est la raison ?

C'est parce que les principales crypto-monnaies, en particulier le Bitcoin et l'Ethereum (avec lesquels les NFT sont échangés), utilisent le protocole de "preuve de travail" pour évaluer leur valeur.

En substance, la preuve de travail est un moyen de s'assurer que " le prouveur " a fait l'effort de calcul nécessaire (le système effectuant une tâche). La définition a été conçue en 1993 pour décourager le spam et les bots. La preuve a été conçue pour que les utilisateurs moyens soient invisibles, mais cela rend difficile des choses comme le lancement d'une attaque par déni de service. C'est une version de la machine en forme de petit puzzle.

Jusqu'en 2009, lorsque les preuves ont été utilisées pour établir la monnaie numérique Bitcoin (en conjonction avec une autre technologie connue sous le nom de blockchain, un type de registre public). Les "mineurs" de Bitcoin utilisent des machines spéciales pour résoudre des énigmes de preuve de travail et concourent pour vérifier les blocs sur la blockchain pour Bitcoin. pour créer un bitcoin.

Si la solution est bonne, ce qui est très rare, le mineur reçoit une nouvelle pièce. Plus un ordinateur "joue", plus il devient compétitif. Considérez cela comme un pari, avec un ticket par kilowattheure. Le minage est l'étiquette de cette procédure.

En 2009, le minage a commencé innocemment comme un processus d'arrière-plan qui pouvait fonctionner sur un ordinateur portable lorsqu'il était inactif. En revanche, la sophistication des blocs de minage de la blockchain est conçue pour se développer au fil du temps. En effet, le taux relatif de pièces nouvellement minées reste constant à mesure que le réseau se développe (pour le bitcoin, environ 1 bloc est miné toutes les 10 minutes).

Le puzzle des preuves de travail devient plus difficile à résoudre le problème du minage supplémentaire par ordinateur. Les mineurs améliorent les GPU et les ordinateurs. Les puzzles deviennent plus complexes. Les mineurs se tournent vers des zones à faible coût énergétique. Les puzzles deviennent plus complexes. Les entrepôts sont améliorés et les conteneurs sont climatisés. Les casse-têtes deviennent de plus en plus complexes.

Après une décennie au cours de laquelle le secteur des crypto-monnaies connaît une croissance rapide, nous avons maintenant un réseau financier qui consomme plus de capitaux que l'Argentine, sans structure réglementaire ni supervision fédérale. Ce n'est pas un problème nouveau ; les dommages environnementaux causés par une preuve de travail hors de contrôle étaient connus depuis que les crypto-monnaies existent.

À moins de supposer que nous parlons d'intangible, cette dévastation a un coût mesurable et externalisé : selon une étude récente de l'Université du Nouveau-Mexique, chaque dollar de valeur du bitcoin a entraîné une perte de 0,49 dollar en santé, climat et pertes pour les États-Unis en 2018.

Les coûts écologiques actuels des cryptomonnaies et des crypto-monnaies sont bien réels et très élevés. Si des mesures peuvent être prises pour contrôler les dépenses énergétiques, le marché des crypto-monnaies repose toujours sur un système de valeurs qui lie essentiellement les dépenses de valeur des ressources physiques. Ce partenariat ne se défait pas, quel que soit le faible coût des jetons de monnaies ou la proportion d'énergie verte.

Un système de valeur qui ne peut se comprendre que comme ce qui a été brûlé matériellement pour produire des investissements jusqu'à présent et ce qui devra être brûlé matériellement demain n'est pas durable pour l'avenir que nous devons créer, qui a découplé la valeur avec les déchets, où les unités de travail ne sont pas achetées et vendues pour des salaires.

En outre, les qualités restantes du type crypto sont profondément troublantes.

Le cryptoart retravaille les œuvres d'art numériques principalement comme des jetons de monnaie, de matériel et d'idées secondaires à un actif de valeur marchande.

Cryptoart génère une rareté artificielle pour les produits numériques, générant un "original" qui peut être possédé à des fins de revente.

Cryptoart recrée certains des pires éléments des marchés de l'art actuels, créant la superstar de ceux qui ont eu du succès ou déjà de la richesse et des liens avec les réalités de beaucoup de ceux qui ne verront pas un tel retour.

Cryptoart n'a pas de droits de propriété intellectuelle. Il n'existe aucun mécanisme juridique interdisant l'entrée et la vente de matériel protégé par le droit d'auteur en tant que NFT, avec ou sans l'autorisation de l'auteur ou du détenteur du droit d'auteur. Si un NFT a été frappé, la blockchain ou le marché secondaire ne sera plus retiré.

Le cryptotype des contrats intelligents n'a pas de défense juridique. Toute discussion sur les contrats NFT "exigeant des reventes pour couper l'artiste" ou "compensant le personnel de la galerie" dépend entièrement de la bonne volonté de l'acheteur.

Cryptoart permet à quelques artistes précoces de s'enrichir grâce à un système conçu pour récompenser les investisseurs, pas les artistes.

La structure de valeur pleinement fonctionnelle d'une économie NFT pleinement fonctionnelle est répréhensible. Nous ne pouvons pas laisser faire. Le seul moyen est de refuser cette serviette entière. Pas de "ma centrale est solaire", ou "nous plantons pour chaque pièce un arbre", ou "nous passons à la preuve d'intérêt" ou "nous sommes susceptibles d'avoir une NFT moins destructrice" ou "l'alternative viable est mon contrat intelligent."

C'est le libéralisme ultime, une mentalité réformiste qui pense que si nous pouvons aborder les pires problèmes, éliminer les pommes pourries, obtenir de meilleurs systèmes de réglementation en place - alors le système ne peut que fonctionner plutôt que d'internaliser le système qui cause souvent des dommages basés sur un paradigme fondamentalement brisé, haineux et hypercapitaliste.

La seule alternative réaliste est le refus moral total. Tout ce qui est moins (vendre, collectionner, poster des liens avec des artistes NFT, oui même essayer de trouver un modèle moins dévastateur écologiquement) conserve l'influence des pires sections de ce site. Il accorde une zone grise morale : "Oh, peut-être que ce n'est pas si mal si mon artiste préféré est impliqué ?". Ou "mais je sais que cette personne se soucie et contribue au monde - peut-être qu'elle sait quelque chose que je ne sais pas ?".

Je suis bien conscient du désespoir d'essayer de survivre dans un monde qui a sous-estimé et sous-estimé les arts et comment une vision d'évasion peut être convaincante.

Je veux simplement voir un monde qui récompense les artistes pour leur travail sans exiger d'eux qu'ils mettent en danger leur bien-être, leur sécurité et leur intégrité artistique. Ce n'est pas seulement ma conviction politique ; c'est un désir qui me profite directement, à moi et à ceux que j'aime. C'est un avenir auquel je dois croire chaque jour.

Néanmoins, nous devons y parvenir par la propriété collective et des programmes sociaux solides, tels que le revenu de base universel, les soins de santé universels, le désengagement des opérations de guerre et de police, un marché immobilier contrôlé qui ne profite pas de la pénurie de logements et des loyers, des syndicats de travailleurs, des services alimentaires, la sécurité environnementale et de véritables impôts sur la fortune.

Ce n'est pas un fantasme individualiste d'un système pyramidal qui fait que les investisseurs récompensent les artistes et les voleurs directement à partir de notre avenir commun.

Beaucoup me traiteraient d'irréel et de naïf, incapable de sacrifier le monde que nous vivons aujourd'hui à notre vision idéaliste de demain ; et j'aimerais leur suggérer que nous avons inventé un système monétaire extra-souverain qui a produit des milliards de dollars et qui est amorti par la consommation d'énergie d'un petit pays en dix ans.

19

NFT et Cryptoart : Bulle ou révolution ?

L'intérêt pour les NFT et le Cryptoart a augmenté de manière exponentielle ces derniers mois. Le marché de l'art est généralement inaccessible aux citoyens ordinaires en raison de la nature absurde de ces pièces. Et si vous pouviez acheter juste une partie de la propriété et la partager avec d'autres ? La tokénisation est envisageable.

La tokenisation est le développement de blockchains d'un jeton fongible représentant l'actif sous-jacent et sa valeur. La tokenisation peut révolutionner les disciplines créatives, y compris le secteur de l'art.

Alors, pourquoi la tokenisation de l'art ?

L'avantage d'utiliser cette méthode est que chaque actif peut être numérisé tout en veillant à ce que sa transmission entre les différents propriétaires soit fluide. Deux NFT ne seront jamais identiques et interchangeables, chacun ayant des caractéristiques particulières qui le distinguent.

Une bulle à éclater Première réaction (très courante) :

Pourquoi quelqu'un achèterait-il une cryptographie, et encore moins dépenserait-il des millions pour un simple fichier JPEG ?

Tout d'abord, il ne faut pas confondre NFT et Cryptoart. Même s'ils sont étroitement liés, ce sont deux choses différentes. Cryptoart fait référence à l'art utilisant la technologie de la blockchain.

C'est une catégorie d'art numérique moderne. Cette description est très générale et très logique puisque la discipline est relativement nouvelle et que les complexités et les frontières de cet art n'ont pas encore été déterminées.

Le cryptoart est en plein essor avec l'esthétique numérique moderne, offrant une solution au défi des personnes non autorisées qui copient leurs œuvres aux artistes et les déprécient. Un artiste conceptuel qui repousse les limites du cryptoart.

Les NFT sont une caractéristique de la technologie blockchain spécifiée selon les spécifications Ethereum ERC-721 (actifs numériques non lisses) et ERC-1155 (actifs semi-lisses). Les principales propriétés des NFT sont les suivantes : indivisibles (non fractionnables), vérifiables (un identifiant unique qui précise qui possède les NFT) et indestructibles (ne peuvent être détruits ou supprimés). Les NFT peuvent inclure tout matériel numérique, y compris des croquis, des graffitis, des GIF animés, des chansons ou des objets de jeux vidéo. Dans le monde de la blockchain, les NFT sont la prochaine grande affaire.

Le cryptoart peut facilement être considéré comme une bulle, mais je ne le crois pas. Ce n'est pas seulement mon opinion. Cela a déjà été vu sur le marché avec les artistes les plus célèbres au niveau mondial, y compris Banksy et Beeple, pour 69 millions de dollars. La valeur globale du commerce NFT en 2020 s'est élevée à 250 millions de dollars, soit 299% de plus que l'année précédente, et continue d'augmenter en 2021.

Pourquoi nous occupons-nous de cela ?

De nombreuses personnes qui ont participé aux NFT dans les premiers stades et ont commencé le commerce ont vu de grands retours. Néanmoins, nous sommes officiellement entrés dans l'ère cyberpunk avec une société entièrement numérisée et le monde de l'art se dirige déjà vers les NFT et ce n'est que le début.

Les NFT génèrent une rareté numérique qui n'existait pas auparavant. Peu importe que vous puissiez, par exemple, faire une capture d'écran. Réfléchissez à ceci : la reproduction parfaite d'un tableau de Van Gogh a-t-elle la même valeur que l'original ?

Cependant, qu'est-ce qui rend l'art NFT génial ? L'ère Crypto Pourquoi de nombreux observateurs utilisent-ils Internet dans leurs métaphores du monde Crypto ?

Nos réseaux numériques, construits pour améliorer notre connectivité de base, peuvent tout changer et la blockchain provoque une révolution, oui. On dirait qu'ils tuent l'ancien et commencent quelque chose de nouveau.

Les NFT vont capturer et apprécier l'esprit de cette génération dans le futur. C'est ce qui fait la pertinence des NFT. Il ne s'agit cependant pas d'un renouveau. L'une des principales raisons pour lesquelles les gens sont devenus une alternative possible aux NFT est l'absence de rareté numérique dans l'économie créative. La curiosité a augmenté.

Les créateurs de l'économie Il est difficile de suivre les achcteurs qui alimentent cet engouement. Les NFT peuvent également gérer le processus d'accord de licence lorsqu'elles sont intégrées explicitement à la technologie blockchain. L'existence décentralisée des NFT est un facteur important pour fournir à l'économie des créateurs un capital numérique vital.

Par exemple, si l'acheteur d'une des pièces la revend, il conserve 10 % du prix d'achat initial. Notez qu'il peut y avoir un nombre infini de NFTs. Le cas d'utilisation de chaque créateur détermine le nombre de copies générées. Les NFT peuvent également gérer le processus d'accord de licence lorsqu'ils sont intégrés explicitement à la technologie blockchain.

Chutes et difficultés En réalité, la NFT est loin d'être conviviale et ouverte au public, voire pire. Dans certains cas, vous devez créer un portefeuille Ethereum et l'utiliser, acheter des produits et payer des frais de transaction lors de l'achat de NFT.

En général, les gens craignent que nous soyons au milieu d'une bulle et que l'attrait que les NFT ont créé ces dernières années disparaisse facilement. De nombreux observateurs s'attendent à ce que les NFT restent des activités spéculatives démodées dans un avenir proche.

Finalement, de nouvelles façons de violer le droit d'auteur ont vu le jour, mais les artistes peuvent toujours gagner plus d'argent sur Internet. Les nouvelles formes de piratage s'accompagnent d'une nouvelle forme de terrain. C'est un nouveau défi.

Réglementation Étant donné que les ENF restent une invention relativement récente, il n'existe pas de cadre juridique clair à leur sujet. Ils sont tout de même régis par le droit national et international, mais les régulateurs travaillent sur ces systèmes et ils arrivent bientôt. Certains pays d'Europe ont publié des directives ou des règlements relatifs aux ICO, notamment la Suisse, l'Allemagne, l'Estonie et Malte.

Le NFT peut être ajouté au jeton numérique. C'est un actif numériquement intangible qui reflète un ou plusieurs droits : le NFT a sa valeur. Les propriétaires peuvent être identifiés et les pseudonymes ou adresses utilisés sont joints.

Mais doit-on légalement considérer les CryptoPunks ou les CryptoKitties comme une œuvre d'art ?

La question est compliquée. Il est très difficile de les inclure dans ce groupe ou de les exclure. Il est difficile de les inclure puisque la boîte NFT est dans une catégorie distincte des œuvres répertoriées. Comme le droit évolue et que la notion d'œuvre est très subjective, il est difficile de les exclure.

L'espace NFT permettra aux créateurs de capter une plus grande part des bénéfices de tout ce qu'ils génèrent et vendent. Si les créateurs font appel à une institution pour distribuer leur matériel, ils ne reçoivent qu'une petite partie des bénéfices. Les auteurs de livres qui signent des accords avec les grands éditeurs ou les artistes avec les maisons de disques en sont l'exemple le plus clair.

Les NFT ont explosé avec les designers, les artistes et les musiciens du monde entier qui adoptent des jetons exclusifs numériques. S'ils sont appliqués à grande échelle, les NFT pourraient transformer la rareté numérique. La NFT mania a le potentiel, à bien des égards et dans de nombreux secteurs, de surmonter des problèmes auparavant insolubles.

Ces dernières années, les tokens on-fongibles (NFT) se sont emparés des titres avec la vente d'artistes, dont la pop star Grimes et le créateur EDM 3LAU, pour des millions de dollars. Dans le cadre du Crypto Kitties, les NFT ont rejoint le marché en 2017, un jeu blockchain qui utilise des objets de collection numériques pour chats.

Cependant, en octobre de l'année dernière, la maison de vente aux enchères d'art Christie's New York est entrée dans l'histoire en vendant le tout premier NFT lié à une œuvre d'art physique - Portraits of a Mind : Block 21, vente de plus de 130 000 dollars par l'artiste londonien Benjamin Gentilli. Depuis lors, la popularité des NFT a rapidement augmenté.

Un autre travail NFT record a été vendu aux enchères chez Christie's, cette fois de manière strictement numérique, pour une enchère actuelle de 3,25 millions de dollars. La capitalisation globale du marché des NFT est ainsi passée à plus de 350 millions de dollars en six mois seulement.

Conclusion

Les NFT ont un potentiel et des possibilités illimités et les récentes ventes record aident la technologie à progresser. L'un des obstacles actuels à une adoption généralisée est le manque de sensibilisation générale au monde de la crypto et à la technologie blockchain. "Si vous apprenez aux gens à y goûter, si vous leur permettez d'en faire l'expérience, ils ne seront pas dépassés par la situation", a déclaré le créateur John G Fields, Develop Your Base.

La sécurité fait partie de cette formation puisque les nouveaux utilisateurs dans le domaine de la blockchain doivent savoir comment sécuriser leurs portefeuilles et leurs clés privées pour éviter que les pirates ne soient exposés à leurs précieux actifs numériques.

De nombreux artefacts numériques, objets de collection et investissements, qui ne manqueront pas de faire des ravages, ont une grande valeur en raison de leur rareté et de leur rareté. Les développeurs et les créateurs doivent veiller à ce que des droits d'auteur et des licences solides soient inscrits dans des contrats intelligents afin de garantir l'intégrité des actifs numériques.

La majorité des portefeuilles de crypto-monnaies actuellement disponibles sont extrêmement complexes et difficiles à utiliser pour les utilisateurs inexpérimentés et les débutants du grand public. Des portefeuilles comme Coinbase Wallet, Pillar Wallet Enjin Wallet, ou WAX Wallet (WCW), pour n'en citer que quelques-uns, sont néanmoins constamment développés et publiés pour améliorer cela.

NGRAVE ZERO est un autre portefeuille à surveiller, car il s'agit du portefeuille de crypto-monnaies le plus "froid" et le plus sûr, qui est également incroyablement convivial et facile à utiliser. L'écran tactile de haute qualité de ZERO ne fournit pas seulement un environnement sûr et sécurisé où les utilisateurs stockent et échangent leurs propriétés virtuelles ; il a également le potentiel intéressant de permettre aux propriétaires de montrer aux autres leurs collectionneurs et leurs actifs virtuels à partir d'un minuscule appareil portable.

Une autre partie de l'éducation de masse consiste à voir à quel point les NFT et la technologie blockchain restent geek, ringardes et scientifiques. Une simplification supplémentaire sera essentielle pour que les personnes qui ne sont pas familières avec la blockchain puissent facilement l'utiliser et la comprendre.

Jesse Reich (PDG de Splinterlands) explique comment le défi "consiste à rendre la blockchain invisible pour un utilisateur inexpérimenté tout en étant accessible à un utilisateur avancé" dans le tableau The Future of Gaming & Non-Fungible Tokens.

Alors que des projets tels que CryptoKitties ont réussi à lancer de nouveaux utilisateurs de la blockchain et la croissance et à augmenter les cas d'utilisation des NFT au cours des derniers mois, un long chemin reste à parcourir. La passion des NFT se situe principalement dans les créneaux des jeux, de l'art et des objets de collection, mais de nouvelles entreprises élargissent de plus en plus les NFT à d'autres aspects de notre existence physique.

Nous pouvons voir comment les NFT deviennent transférables entre différents mondes, virtuellement et physiquement, à mesure que de grandes marques entrent dans la bataille (comme Nike, qui a obtenu une licence pour des chaussures comme les NFT, appelées CryptoKicks, qui permettent aux utilisateurs de se " reproduire ". Comme le dit si bien Yat Siu, PDG d'Animoca Brands :

"Combien de sociétés de jeux diront : utilisons ces chaussures Nike dans nos jeux virtuels ?" si des millions de personnes ont des chaussures Nike virtuelles de manière inattendue. Yat Siu, PDG d'Animoca Brands Plus les gens prennent conscience de la valeur et du potentiel que peuvent offrir les NFT, plus les grandes marques, les grands investisseurs et les sociétés de capital-risque le remarquent et s'y intéressent. Les cofondateurs de Morgan Creek Digital, Anthony Pompliano et Jason Williams, ont fait un "grand pari" sur les NFT d'art numérique qui surclassent le marché de l'art physique.

En raison de leurs cycles de vie de produits excessivement longs et de leur volonté de proposer divers modèles de monétisation, les concepteurs de jeux Indie blockchain ont commencé à attirer du capital-risque. Les nouveaux jetons de gouvernance dans le secteur NFT, comme ils l'ont été dans le secteur Defi, suscitent de l'intérêt et rien ne prouve que les nouveaux types NFT et Defi soient passionnants.

Cependant, la voie à suivre pour les NFT n'est pas sans obstacles, car ils devront faire face à des obstacles réglementaires potentiels. L'espace crypto est encore très jeune et doit continuer en tant que communauté en produisant de nombreux nouveaux projets malgré leur va-et-vient.

Merci de votre lecture.

www.ingramcontent.com/pod-product-compliance
Lightning Source LLC
LaVergne TN
LVHW060304051026
849517LV00003B/958
9798201763923